精選

死海文書

The Dead Sea Scrolls

村岡崇光［編訳］

教文館

はしがき

「死海写本」と呼ばれる文書群は日本でもかなり以前から、広く知られている。[1] 紀元前三世紀から紀元後一世紀後半の間に著作された、あるいは書き写された古代文書である。その重要性は、最初に出土した一連の写本の中にイザヤ書の完全な写本が含まれており、その発見以前に知られていた旧約聖書の最古の、完全な写本は紀元後一一世紀末に写経されたものとされていることからも容易に理解されよう。これらの写本の重要性は、その年代の古さだけによるのではない。旧約聖書の写本だけを取り上げてみても、従来の複数の写本は相互の間で実質的な異同がほとんどなかったのだが、死海写本の中には単なる綴りの違いではなく、内容的にもかなり相違するものが発見された。その一つの例はエレミヤ書である。紀元前にヘブライ語原文から翻訳されたギリシャ語訳、いわゆる七十人訳は、内容のみならず、章の順序まで違っていて、従来は、翻訳者が勝手に変更したものぐらいに考えられていたが、死海写本中の断片の中

(1) 日本語でも複数の紹介書があるが、一番最近のものでゲザ・ヴェルメシ、守屋彰夫訳『解き明かされた死海文書』(青土社、二〇一一年)がある。

にギリシャ語訳に沿ったものが発見され、翻訳者は、伝統的なヘブライ語の本文とは違った写本を使っていたことが結論できる。合計三九書からなる旧約の中で、断片を含めればエステル記とネヘミヤ記以外のすべての書の写本が出土している。

さらに重要なことは、全部で九七二ある写本の中には、古代ユダヤ教で聖典として公認され、キリスト教会の主流も受け継いだ文書以外の文書も含まれているということである。その中には、ヘブライ語やアラム語の原典は消滅しているけど、西暦紀元前後にギリシャ語やエチオピア語に翻訳されたものを通じてその存在を古くから知られていたものも入っている。旧約外典とか偽典の名で知られている文書群である。例えば、従来はギリシャ語訳で知られていた「トビト書」のアラム語写本、エチオピア語で知られていた「エノク書」のアラム語写本、これもエチオピア語で知られていた「ヨベル書」のヘブライ語写本がそうである。それ以外に、これまで全く知られていなかった文書も少なからず発見された。本書に含めた三つの文書はいずれもこの最後の範疇に属する。これらの文書は、西暦紀元前後の主流のユダヤ教の外あるいは周辺に流れていた思想や宗教のあり方を理解する上で貴重な光を投げかけるものである。

さらに付言すると、これらの文書は、紀元前後の聖地における言語状況を理解するのに極めて重要な資料である。死海文書の大多数はヘブライ語とアラム語で著作されている。一九四八年に正式に成立した現代イスラエルにとっては、その前後のアラブ世界との衝突、摩擦のために激動の時代に突入していた一九四七年に最初の七つの写本が発見された頃には、ヘブライ語は新約聖書の時代には既に何世紀も死語と化し、アラム語に取って代わられていた、というのが学界の圧倒的な見解であった。一九世紀中葉ぐらいまではヨーロッパの大学に提出される学位論文はラテン語で書き、それより少し前までは、講義もラテン語で行っていた、という事情を彷彿とさせる。しかし、ヘブライ語で著作された死海文書のヘブライ語を注意深く検討すると、その著者たちは旧約のヘブライ語に造詣が深く、これを熟知していたことははっきりと窺えるが、それを手本にして、真似て書いていたとは言えない、ヘブライ語を自由自在に操り、時としては、旧約のヘブライ語にはないような新規の語法も創造的に駆使できる能力を備えていたことが看取される。さらに、ヘブライ語をただ書き言葉としてだけではなく、話し言葉としても使っていたと想定しないと説明できないような言語現象も観察される。ここから、当時のパレスチナは多言語社会であったと結論して良いであろう。ヘブライ語、アラム語、ギリシャ語は、今も昔も同じく、大多数の人はこの三つの言語のうちの一つが母国語だっただろうし、階級や場所が違えば、二つあるいは三つの言語が楽に駆使できる、あるいは通じるというような状況もあったであろう。

本書に紹介する三つの文書は一九四七年以前には知られていなかった文書群に属する。三書とも内容的にも極めて重要なものであり、かつ興味津々たるものがある。アラム語で書かれた「創世記外典」は聖典の「創世記」を、著者が想像を膨らませ、創世記をめぐって当時流布していた伝承を取り入れて創作した「当世風創世記」と呼んでもよい文書である。学界ではrewritten Bibleと呼ばれることもあり、死海文書の中には他にも幾つか例がある。残りの二書、「ハバクク書注解書」と「共同体の規約」はどちらもヘブライ語で書かれているが、前者はこれも死海文書の中にかなり多くの例のある文書群の一つで、後者は死海文書の中のかなりのものを執筆し、あるいは教団成立以前に遡る文書を書写し、またそれを読んだクムラン教団の憲章とも言える内容的に極めて重要な文書である。

筆者は過去半世紀以上にわたってヘブライ語、アラム語、ギリシャ語という聖書原語の研究、教授に没頭してきたが、(2)その過程で、上に述べたことからもお分かりいただける通り、死海写本の原語の研究にも多大の関心をもって従事し、一七年前にオランダのライデン大学のヘブライ語教授を定年退職した今もなおその研究に余念がない。(3)そういう者として、ここに死海文書の中の代表的で、最重要な三文書の和訳を簡単な注付きでこうしてご紹介できることを幸いに思う。

一九四七年に死海北岸のクムランの洞窟の一つで現地のベドウィンの一人が偶然に発見した

七つの写本のことが知られて、すぐさまものすごい反響を呼んだが、その後、ヨルダン、イスラエルで研究、教授に当たっていた学者たちの努力の結果、合計一一の洞窟から多数の古代文書が発見されたのであった。文書が完全な形で残っているのは例外で、大多数は断片で、そうでなくてもあちこちが破損していて、極めて断片的な状態にあるのが大多数である。一九五五年にオックスフォード大学出版局がそれぞれの写本に丁寧な序文を付し、原文を英語あるいは仏語に訳し、簡潔な注と写本の写真もつけて出版を始め、二〇〇九年に第四〇巻が出版されて、写本の出版は完了した。死海文書に関する研究書、論文、百科事典、辞書、語句索引の類は汗《かん》牛《ぎゅう》充《じゅう》棟《とう》と言っても過言ではないくらいだが、紀元前後のユダヤ教の状況、新約聖書の背景を研究しようという人たちにとってもこの文書群は絶大な価値を持っていることは言を俟たな

(2) 相当数に上る学術論文や、単独で、あるいは共同で編集した論文集の他に、死海写本のアラム語文法、二〇二〇年に出版された死海写本のヘブライ語の構文論、「共同体の規約」に関する言語学的研究書などの単行本の著書がある。

(3) 筆者がまだライデン大学在職中、死海文書のヘブライ語の言語学的研究が遅滞していることを憂えて、イスラエルのその道の権威であるエリシャ・キムロン教授と計らって、死海文書並びに紀元前二世紀初頭に著作された重要な文書で、ベエルシバの東で、死海を見下ろすマサダの洞窟からも断片が出土した、旧約外典の「ベンシラの知恵」のヘブライ語を検討する国際シンポを企画し、二〇一九年、第九回がトロントで開催された。

い。このささやかな「死海文書選」が祖国の読者たちの視野を多少とも広げるのに寄与すれば望外の喜びである。

目次

凡例

・〔　〕は写本の欠損箇所の訳者による推定である。また、〔……〕は写本が完全に欠落している箇所を示す。

・（　）は写本には書かれていないが、解読のための訳者による補足である。また、（?・?・?）は全く判読できない箇所を示す。

・各欄の文章の頭にある算用数字は写本の行番号を表す。

・傍注では、例えば第二欄五行を二・五のように表記した。

創世記外典（1Q20）

本文書は一九四七年に出土し始めた死海写本の最初の四文書の一つである。[1] 早くも一九五六年に、イスラエルの二人の考古学者によって一部の写真と英訳を付して発表された。[2] その後の研究、探索の結果、初版が発表された時には読めていなかった部分が発見され、[3] 写真技術や、コンピュータを駆使した解読も進んで、ごく最近出版されたものは初版よりはかなり長くなっている。

ここで使われている言語は当時パレスチナで使われていた文語体のアラム語である。一九四七年以後、他にも死海写本やユダの荒野から出土した同時代の文書の中にアラム語のものもあるが、イエスや初代教会が使っていたであろうアラム語の姿を知りたいと思う者には非常に貴重な発見であった。[4]

（1） 他はイザヤ書全巻、教団規約、ハバクク書注解書である。いずれもクムラン第一洞窟から出土した。

（2） N. Avigad and Y. Yadin, *A Genesis Apocryphon: A Scroll from the Wilderness of Judaea* (Magnes Press, Jerusalem, 1956).

（3） D.A. Machiela, *The Dead Sea Genesis Apocryphon: A New Text and Translation with Introduction and Special Treatment of Columns 13-17* (E.J. Brill, Leiden / Boston, 2009) がそれである。

（4） 本書に限らず、死海写本のアラム語研究には T. Muraoka, *A Grammar of Qumran Aramaic* (Peeters Press, Leuven, 2011) と E.M. Cook, *Dictionary of Qumran Aramaic* (Eisenbrauns, Winona Lake, ID, 2015) を参照されたし。

本文書の写本は紀元前一世紀後半から紀元一世紀前半に書かれたものであろう、というのが学界の定説である。クムラン出土の本写本が原本であるという確証はないが、そこに用いられているアラム語の分析から、本書が執筆されたのも紀元一世紀前半ではないかと考えられるので、極めて初期の写本ということになる。

本訳で第〇欄として出してあるものも、本文書の冒頭に置かれていたようには思われないので、本文書は元来かなり長いもので、その一部だけが残っているのではないかと思われる。ここにある二三欄以外に、あと七〇欄、ひょっとすると一〇五欄あったのではないかという研究者もある。ここに提示されたものからも明らかな通り、著者はヘブライ語原典を一節、一節順を追って見ているわけではないが、創世記全体を選択的に、しかし敷衍しながら扱った、としてもおかしくはない。欲を言えばきりがない。これだけ残っているだけでも有り難い、としなければならないのかもしれない。

本文書はヘブライ語の創世記をアラム語に敷延訳したものですらなく、創世記に語られている内容を取捨選択して、聖書に関心のある当時のユダヤ人読者の多くが理解できるアラム語で解説したものである。現代的な意味での「注解書」ではないので、当時すでに流布していたと想定される多様な聖書理解、解釈に言及して、それを比較、講評するという手法は取られていいない。遅くとも紀元前二世紀には著作されたと考えられる、正典聖書には含まれていないユダヤ人の著作である「ヨベル書」の著者も読んだという「ノアの言葉」という文書が本文書に言及されている（五・二九）。訳注で随所に言及しているように、本文書の著者がこの偽典に残されている伝承に近かったことは疑いを容れない。これも旧約偽書の一つであるエノク書の中で紀元前一〇〇年ごろに成立したと推定されている部分を本文書の著者が知っていた可能性もあることは、訳注11に明らかである。さらにまた、残っている本書の断片から判断する限り、本書にはクムラン教団独特の思想は見られない。第一一洞窟から出土したヨブ記のアラム語の訳や聖書の写本などと同じく、クムラン教団による聖書に対する一般的な関心の表現であろう。

本訳は現行の複数の刊本のいずれにも全面的に依拠せず、それらの刊本やその他の関連研究書、論文を参照しつつ翻訳したものである。[6]

（5）ヨベル書については、筆者が『聖書外典偽典4　旧約偽典Ⅱ』（日本聖書学研究所編、教文館、一九七五年）、一三一―一五八、二九三―三三八頁に和訳と訳注を出している。

（6）この刊本の一つで、詳細な注解をも含むJ.A. Fitzmyer, *The Genesis Apocryphon of Qumran Cave 1 (1Q20): A Commentary*, Third edition (Pontifical Biblical Institute Press, Rome, 2004)　とK. Beyer, Die aramäischen Texte vom Toten Meer, Bd. 2 (Vandenhoek & Ruprecht, Göttingen 2004) は必須である。フィッツマイヤーは参照していないが、上の注5に言及した刊本の著者（マシーラ）は本文書の写本、写真に直接あたっ

第○欄(7)

1(?‐?‐?)2〔……〕私たちは、どういう〔時〕にも姦淫を犯す者を歓迎しよう。3(?‐?‐?)4〔……〕すべて〔……〕5あなたの怒りの〔……〕は強まり、いつまでも続きます。しかし、だれが〔……〕6〔……〕あなたの憤怒〔……〕7〔……〕痛みを訴える者たち、鬱《うれい》に沈んだ者たちが震え蠢《うごめ》いています。8〔……〕いまや私たちは捕縛されています。9〔……〕これ〔……〕10〔……〕あなたの怒り〔……〕11〔……〕あなたの怒りにより〔……〕私たちが〔……〕の家に行く時から〔……〕大いなる聖者12〔……〕さて、あなたの御手は〔……〕を叩き〔……〕すべて〔……〕をどかそうと構えている。13〔……〕彼の言葉〔……〕私たちの幽閉の時は終わりそうです〔……〕見えてきた炎〔……〕14〔……〕の前〔……〕15〔……〕そして、彼らの兄弟たちから叩かれ、そしてもう〔……〕16(?‐?‐?)17〔……〕慈悲を乞う(8)〔……〕永遠の主から〔……〕18〔……〕永遠の主の前で〔……〕19(?‐?‐?)

第一欄

1〔……〕降りてきて、(9)女たちと〔……〕2〔……〕不正の秘儀も〔……〕3〔……〕そして

〔……〕の秘儀〔……〕4〔……〕知ることはなかろう〔……〕5（？‥？）6〔……〕の日まで
7〔……〕もし彼らが 8 すべて君たちの子なら〔……〕9 薬やおまじないや占いや〔……〕
10 大地〔……〕一部の 11 働き〔……〕12 乾いた大地の上〔……〕13–20（？‥？）21〔……〕強力な
囚われ人〔……〕22–23（？‥？）24〔……〕人間みんなの恥さらし（10）〔……〕25〔……〕使者によっ
て君たちのところに彼が送った〔……〕26〔……〕大地へ、そこへ降りるために、〔……〕民

て、網羅的に検討し、写真も全部含めているが、マシーラのアラム語、ヘブライ語理解が少なからず問題であることは、筆者が書評で随所に指摘した。"A recent re-edition of the 'Genesis Apocryphon,'" *Revue de Qumran* 25 (2011) 307-26.『死海文書Ⅵ　聖書の再話1』（ぷねうま舎、二〇一八年）中の守屋彰夫の手になる本文書の訳、並びに訳注も大いに参考になるが、マシーラ版による影響が濃すぎるようである。以下の傍注で、マシーラ版の問題点については時折触れたが、網羅的ではない。詳細については上記の書評を参照されたい。

（7）この欄と続く第二欄は一九五七年にヤディンとアヴィガドがこの文書を発表した時点では別個の文書として知られていたものが、本文書の冒頭の一部をなすものであることが判明した。ノアの誕生以前の堕落しきった人類の様子を描いているものと推定されるが、本文は非常に断片的で詳細は確定できない。

（8）マシーラの *mthnyn* による。あるいは、フィッツマイヤーのように *mthnyn*「婚姻関係を結ぶ」とも読める。

（9）マシーラの *nht[y]n* による。

（10）ヘブライ語と違って、アラム語の *qll* は「呪い」を意味しない。

を27〔……〕人間が大地に何をすべきか〔……〕28〔……〕彼は彼らに対して行い、またすべての人間どもに対しても〔……〕29-36（？…？…？）

第二欄(11)

1さて、その時、この妊娠は見張りの天使によるものではないか、(12)精子《たね》は聖者たちのものではないか、ネフィリーム(13)のものではないか、と私は勘ぐった。(14) 2私はこの幼児のことで気持ちが落ち着かなかった。3それから、私レメクは慌てふためいて女房のビッテノシュ(15)の部屋に入って〔彼女に言った〕。4〔……〕至高者にかけて、力ある主にかけて、〔永遠の〕王にかけて〔……〕(16) 5〔……〕天の子ら(17)〔……〕君が一切本当のところを私に話すこと〔……〕ひょっとして6〔本当のところを〕偽らずに私に話す〔……〕7永遠の王にかけて嘘偽りでなく、正直に私に語ってくれることを(18)〔……〕8すると女房のビッテノシュは語気を強めて私に語り、泣いて9言った。「まあ、あなた様(19)ったら。私の〔あの時の〕快感(20)を覚えてらっしゃるはずでしょう(21)。10褥《しとね》を共にしたあの時はほてっちゃって、体の中から湧き上がってくる息遣い。わたしね、あなたに何もかも正直に〔話します〕わ」。11〔……〕すると私の気持ちはすっかり変わった。12女房のビッテノシュは、私の顔色が変わったのを見てとるや、13気を落ち着けて、私に語りかけてきた。「ねえ、あなた様、〔覚えてらっしゃるでしょう、〕14私の快感。大いなる

（11） 第二欄から五欄まではノアの誕生を語るが、「レメク一八二歳の時、男児が生まれ、ヤハウェが呪われた大地で働かなければならない我々の苦渋をこの子が少しばかり和らげてくれれば良いが、と言って、ノアと命名した」（創五・二八―二九）と簡潔に語られているのが大幅に脚色されている。欄の冒頭にノアの受胎のことが出てくるところからして、物語は第一欄の後半で始まったのであろう。わが子の出生の由来にラメクが疑問を持って動揺する、という話は旧約偽典「エノク書」一〇六―七に述べられていることと符合する。

（12）「見張りの天使」、「聖者」という表現はダニ四・一〇、一四、二〇参照。

（13） 創六・四参照。

（14） エノク書一〇六・二―三によると、肌は色白、目は爛々と輝き、産婆の手を振りほどいて正義の主を高らかに賛美した、というのであるから無理もない。

（15） これも旧約偽典「ヨベル書」四・二八でラメクの妻の名がエチオピア語でベテノスとして出てくるが、正典聖書では彼女は無名である。「ビッテノシュ」はヘブライ名。

（16）「誓う」を意味する動詞が予想されるが、アラム語にはマシーラの *y'd* はそういう意味では存在しない。

（17） 中間時代以後、「神」という単語の使用を避け、「天」で置き換える傾向があり、ここも「神の子ら」を指すのであろう。マルコ、ルカは「神の国」、マタイは「天国」とするのも同様の背景による。

（18）「誓ってもらいたい」を意味するような動詞が空白に入るのであろう。一四行参照。

（19） 直訳は「私の兄弟、私の主人よ」。

（20）「快感」と訳した原語（*'adi:nti:*）の語根は「私にはあの快感（*'edna:*）は無くなったし、主人は老人なのに」と、サラが密かに呟いた（創一八・一二）のを思い起こさせる。

（21）「思い出してください」、という命令形ではなく、*dki:r la:k*と読む。

聖者、天の王にかけて誓いますわ。[15]この精子はあなたのもの、この妊娠はあなたのおかげ、
〔この〕実が植わったのはあなたのおかげです。[16]どんな他人のものでもありません。見張り
の天使のものでもありません。天の子らの（だれの）ものでもありません。どうして[17]あなた
の形相はこんなに恐ろしいものに変わったんです？ 気持ちもこんなに落ち込んじゃって。わ
たしは[18]正直に話してますのよ」。〔……〕[19]それから、わたしレメクは父のメトセラのとこ
ろに駆けて行き、何から何まで話した。[(22)] [20]お父さんの〔エノクのところに行ってもらい〕、何
もかも確かなところを聞き出して〔もらいたかったのである。〕というのも、彼（エノクは）
神様の覚えがめでたく、〔聖者たちと〕[21]縁があり、彼には彼らはなんでも語ってくれるから
である。〔父〕メトセラは（私の言ったこと）を聞くと、[22]本当のことを何から何まで正確に知
ろうと思って父エノクのところへ走った〔……〕[23]彼の好意。パルワイン[(23)]の地をずっと行っ
て、そこに〔父〕エノクを見つけた。[(24)] [24]〔そして〕彼は父エノクに言った。「ああ、お父さん、
ああ、ご主人様、私はお父様のところへ来（て）[25]〔……〕お父様に申し上げたからといって、
私がここへお父様のところへ来たことを怒らないでください。[26]（?・?・?）畏れ多い

第三欄（25）

（26）2〔……〕縦にではなく 3〔……〕なぜなら、ヤレデの時代には父は 4〔……〕の息子たち 5〔……〕6〔……〕7〔……〕彼らはあなたのものとなろう。8〔……〕9〔……〕全地上に 10〔……〕土地〔……〕この海へ 11〔……〕から〔……〕へ〔……〕彼が大地を〔……〕とするでしょう。12〔……〕土地〔……〕そこで彼は行った。13〔……〕（?）本当に、嘘でなく 14〔……〕そ 15〔……〕16〔……〕17〔……〕彼は全地を分割した〔……〕から〔……〕18–23〔……〕24〔……〕そして食べる（?）（27）

（22）エノク書一〇六・四。
（23）エルサレムの神殿建築にはここで出土した金が用いられた（代下三・六）。
（24）マシーラは「地の果てに到達した」、と読むがいろいろな理由から説得的でない。
（25）続く二欄（第二欄、三欄）は本文がかなり破損している。
（26）写本の欄外に行の番号が書き込んであるわけではないので、字が残っている最初の行と最後の行の間の距離を測って、この欄の上に残っている隙は一行分である、と測定してこの行は第二行であろう、と推定したもの。
（27）このあと数行マシーラはいくつかの文字を読んでいるが、全体として何を意味しているのか不明。

第四欄

[1]から〔……〕彼らはかきたてる。[2]（?·?·?）〔……〕[3]〔……〕永遠に〔……〕悪[4–10]〔……〕[11]私（あなた?）は裁判をすることを良しとした（?·?·?）[12]〔……〕大いなる、そして〔……〕の時〔……〕地の全面に[13]〔……〕[14]〔……〕彼らに対して

第五欄

[1]そして彼は書いた〔……〕

[2]そして私の(28)〔息子〕メトセラに〔……〕この男児の〔……〕[3]見よ、私エノクが〔……〕そして、天の子らからではなく[4]君の息子レメクから〔……〕[5]そして血から(29)ではなかったに〔……〕[6]ではなくて〔……〕[7]その外見故にあなたの息子のレメクは怖がりました。[8]本当に〔……〕ということは信頼してよいのです。[9]ところで、お前に言うけど、息子よ、お前に語る。それから、本当に〔……〕[10]行って、息子のレメクに言え〔……〕[11]そして彼らはそれを地面に投げた。(30)そして、（天の子等の）あらゆる行動は(31)〔……〕[12]彼の目は私に向けて彼の顔の前（?·?·?）太陽のように輝いた。[13]この男児は火だ。そして彼は〔……〕[14–15]〔……〕[16]す

ると、見よ、彼らは困惑し、行き場に困った。[17]永遠。彼らは与える〔……〕[18]多くの暴虐を
ふるい、〔……〕ふるうであろう。[19]そして彼らは登り(32)、すべての通路は〔……〕[20]さて、息
子よ、お前に言っておくけど〔……〕[21]お前の息子〔レメクに〕この神秘を語れ(33)〔……〕[22]彼
の時代に(?.?.?)行為。見よ〔……〕[23]すべてのものの主(34)を讃えて〔……〕[24]そして、メト
セラが〔……〕聞いた時[25]そして息子のレメクと神秘について語った〔……〕[26]そして、私
レメクが〔……〕[27]彼は私からひきだしたことを喜んだ(35)〔……〕[28](空欄)[29]ノアの言葉の書(36)の

(28) 二・五、一六参照。
(29) マシーラの読みに従えば「血において」。
(30) 賭けをしたのだろう。
(31) マシーラによれば「裁判の任務を私は彼に委ねる」とあるが、*špṭ ʾlh* はアラム語としては *dyn ʾln* とあるべきところ。
(32) あるいは、*wslqyn* の代わりに *yislqwn*「燃え尽きるだろう」と読むことも可能。
(33) *ʾhwy* は命令形。
(34) ギリシャのピンダロスはゼウスのことをこう呼び、新約ではイエスの呼称でもある。使一〇・三六、ロマ一〇・一二。
(35) バイヤーの *hdy* という読みを採用。ただし、動詞は分子でなく、完了形。
(36) これは次に続く部分の表題であろう。二八行が空欄になっていることもそれを示唆する。ヨベル書の著者は「エノクの言葉」、「ノアの言葉」という文書の存在を知っている(ヨベル二一・一〇)。

（写し）〔……〕

第六欄

1不義[37]から。私を孕《はら》んでくれた人の胎[38]の中にいた私は真理のために出てきた。母胎から出
て来た時、私は真理のために植えられた。2私は一生、真理をもって身を処し、絶えず永遠の
真実の道を歩み、聖なるお方が私と共に[39] 3真理の道程[40]にいてくださった。人が永遠の闇に向
かって歩む虚偽の道を警戒するように私に教えるために〔……〕4〔……〕真理と知恵を見て
私は腰をしかと結わえ、〔……〕の上着で（?）5〔……〕すべての暴虐の道〔……〕6それか
ら、私ノアは成人し、真理をしっかり摑んで、知恵で身を固め〔……〕7（バラ）キエル[41]。そ
の娘のイムゼラを私は妻に迎えた。彼女は私によって妊娠し、息子を三人[42]、それから〔娘を
何人か〕産んでくれた。8それから、兄弟たちの娘の中から私の息子たちのために妻を迎えて
やり、永遠の掟の定める通り、私の娘たちを兄弟たちの息子たちに嫁がせてやった。9至高
者が人類に〔賜った[43]〕ものである。私の一生の中で、私がした計算で、それが終わった時
10一〇ヨベル[44]〔……〕その時、息子たちに嫁を取ってやることが終わった。11〔……〕天。幻の
中で私は見た。私は天の子らの働きについて示され、知らされた。すべてのこと12〔……〕
天。私はこの秘密を心にしまい、だれにも告げなかった。13〔……〕私に対して。大いなる見

張りの者[45]により、（大いなる）聖者の使者たちを通して 14〔……〕彼は幻の中で私と語り、私の前に立った〔……〕15〔……〕私に遣わされた、大いなる聖者の使者たちを通して私には聞こえる。彼らは言う。「見よ、君にだ、ノアよ 16〔……〕私は地上の住民たちのすべての行動を内心考察して分かったので、何もかも告げた[46]〔……〕17〔……〕彼らは栄えよう〔……〕

（37）*ʿwl*はヘブライ語ではよく知られた単語であるが、アラム語では滅多に用いず、また前者では母親の乳房をしゃぶる嬰児のことには用いるが、出産以前の胎児については用いない。

（38）直訳は「火の炉」で、胎児がその中で練り上げられることを指すのであろう。

（39）*ʾmy*をマシーラは*ʿmy*と読んで、「私を教えられた」と訳すが、そういう動詞がたとえアラム語にあったとしても、「私を」は*-y*でなく、*-ny*でなければならない。

（40）バイヤーとマシーラに従って、*ʾnht*の代わりに*ʿnht*と読む。

（41）死海写本の一つにこの名前は出てくるが（6Q8 1.4）、ギリシャ語エノク書六・七にはイムゼラの父として言及されている。

（42）創五・三二によれば、セム、ハム、ヤペテ。娘のことは出ていないが、次の行に「私の娘たち」として複数形で言われている。

（43）「賜った」の目的語は「永遠の掟」。

（44）「ヨベル」とは四九年を一単位としたもの。

（45）超自然的な存在としてダニ四・一〇、二〇、二〇にも登場。

（46）マシーラは一字違えて「見た」と読むが、「考察した、分かった、見た」という順序は論理的におかしい。

[18]〔……〕二週間。それから〔?・?・?〕[19]〔……〕ネフィリーム(47)が流した血。私は黙って待った。[20]〔……〕人間の娘らと〔……〕聖なる者たち(48)[21]〔……〕[22]〔……〕[23]〔……〕私ノアは恵みと、偉大さと真理を見出した。[24]〔……〕至高者。〔……〕の日。[25]〔……〕あなたに。〔……〕天の門まで〔……〕[26]〔……〕人間に対して、獣に対して、動物に対して、鳥に対して〔……〕[27]〔……〕

第七欄(49)

[1]〔君は〕彼らを〔治めるのだ〕大地とその上にいるもの、海の中、また山にいるすべて(50)、[2]〔……〕すべての天体、太陽、月、星、見張りの者たち[3]〔……〕年〔……〕[4]〔……〕君に〔……〕それらの上に〔……〕[5]〔……〕栄えと私からの報償を私は君に渡す〔……〕[6]〔……〕[7]〔……〕大いなる聖者。私は天の主の言葉を喜び、叫んだ[8]〔……〕すべてを〔……〕これゆえに〔……〕[9]〔……〕[10]〔……〕私は語った〔……〕[11–16]〔……〕[17]〔……〕[18]〔……〕非常に美しい[19]天、非常に。そして涯《はて》〔……〕私をどかして(51)、建てるために[20]〔……〕知性[21]〔……〕すべて〔……〕[22]〔……〕すべて[23]〔……〕集まり

第八欄

1 彼の妻は彼の後に〔……〕彼女は〔……〕なった。2〔……〕3〔……〕4 永遠〔……〕
5–8〔……〕9 そして、すべての中に〔……〕

第九欄

1〔……〕君たちの父〔……〕2〔……〕彼は何も助け出さないだろう〔……〕3〔……〕私は

---

(47) ネフィリームについては二・一参照。マシーラは行の冒頭に *m'yd* と読んで、「証言している」と訳すが、それはヘブライ語であり、アラム語ではない。

(48) 天使たちのこと。

(49) 続く三欄（第七欄、八欄、九欄）は写本の保存状態が悪い。

(50) 海と山々を支配するのではなく、そこに棲息するもの、あるいはそこにあるものをである。でなければ、前置詞 *'l* が三度繰り返される必要がある。

(51) マシーラは *lh'dwtny* の代わりに *ls'dwty* と読んで、「私を助けるために」と解するが、不定詞の目的語としての「私を」は *ny* でなければならない。

君にこの権限を与える〔……〕4—9〔……〕10〔……〕境界〔……〕11—37〔……〕

第一〇欄

1大いなる。〔……〕それから、私の息子たちが〔……〕すべて〔……〕終わった2ノアにとって〔……〕この夜〔……〕3夜に〔……〕4—7〔……〕8〔……〕そして彼らは褒め讃えた(52)〔……〕祝福〔……〕9〔……〕全部〔……〕静か〔……〕君たちみんなが君たちの主に〔……〕10あらゆる時代の王に永遠にいついつまでも。11それから〔……〕地上で〔……〕彼は〔……〕から取った〔……〕12見つける。(53)なぜなら〔……〕上に〔……〕箱舟はアララテ山の一つに止まった。(54)そして永遠の火13〔……〕全地のために私は贖《あがな》いの儀式を行った。そして頭〔……〕14最初に〔……〕その後で〔……〕来た〔……〕私は脂身《あぶらみ》を火の上で焼き。そして第二に15〔……〕その血を祭壇の土台に注ぎ、その肉は全部祭壇の上で焼き、三番目に山鳩の子を16祭壇の上に生贄《いけにえ》として〔……〕その上に油でこねた上質の小麦粉を香と一緒に素祭として供えた。17〔……〕その全部に塩をかけ、私の香の香りが天に上って行った。18それから至高者が。

第一一欄

1私ノアは箱舟の入り口にいた。（?.?.?）(55) 2—4〔……〕5（?.?.?）6—8〔……〕9〔……〕山々や砂漠（?）へ〔……〕10〔……〕四つ〔……〕11〔……〕私ノアは出て、土地を縦横に動き〔……〕12〔……〕その上にはその葉にも、実にも豊穣さが〔……〕大地の全部が草や植物や穀物に満ちていた。そこで私は〔天の〕主を褒め讃えた。13〔……〕賛美は（?.?.?）永遠に及ぶ。(56)彼に賛美あれかし。大地を憐れみ、14暴虐と悪と虚偽を行う者どもを滅ぼして除き、正義の人を救出し〔……〕彼のためにすべてを確保されたお方を私はもう一度讃えた。15天の〔……〕

---

(52) 前後関係次第で、「そして褒め讃えよ」、と複数命令形にも読める。しかし、マシーラが行の冒頭に読む *'zlw* は命令形ではあり得ず、「彼らは出かけた」を意味する。

(53) 「できる」とも訳せるが、写本が壊れているので決定できない。この後の「上に」も「入った」をも意味し得る。

(54) 創八・四。ヘブライ語原文は「アララテの山々」と複数形になっており、ここの原文はヨベル八・二五「アララテ山脈中の山の一つルバルの頂上に止まった」に極似しており、アラム語原文からこの語句の一部が筆写者の誤りで脱落した、と思われる。

(55) この箇所の単語の意味不明。

(56) ノアが自分のことを言っているのであろう。

は私に〔……〕私と語らい、私に言われた。「おお、ノア。恐れるな。私は君と君の子らと共
にある。彼らは永遠に君と同じように扱われる。16〔……〕大地。そのすべての海(57)を、その砂
漠を、その山々を、そしてその中にいるすべてのものを支配せよ。見よ、私は17君と君の子孫
に青々と茂る地の草を、植物をすべて食料として与える。なんであれ血（のついたまま）食べて
はならない(58)。君たちに対する恐怖心が(59)18〔……〕永遠に〔……〕19私は君に〔……〕（？・？・？）

第一二欄

1〔……〕見よ、私の弓(60)を〔雲の中に〕私は置いた。それは雲の中で私の徴《しるし》となった。また
〔……〕徴となるために2〔……〕大地3〔……〕多く（？・？・？）私に現れた4〔……〕5〔……〕
6〔……〕7〔……アララテの〕山々の中で8〔……〕アララテの山々の中に。そのあと私は息子
たち、孫たち(61)を連れてこの山の麓に降っていった。9〔……〕その地一帯はひどく荒廃してい
たからである。洪水の後、（私の息子たちには息子たちや娘たち）が生まれた。10(62)私の長男の〔セ
ムには〕最初にアルパクシャドという息子が洪水の二年後に生まれた。セムの息子は11〔エ〕
ラム、アシュル、アルパクシャド、ルド、それとアラムで全部、他に娘(63)が五人生まれた。〔ハ
ムの息子はクシュ、エジプト、〕プト、カナン、それに12娘が七人。ヤペテの息子はゴメルと
マゴグとマダイとヤワンとトバルとメセクとテラス、それと娘が四人。13〔そして〕私は息子

たち全員と土地を耕し始め、ルバル山に大きな葡萄園を作り、(64)四年後にたくさんの葡萄酒がで
き(65)。14 この葡萄酒を全部（山から）おろした(66)。最初の祭りが〔一〕月の最初の祭りの第一日に
やって来た時、15〔……〕私の葡萄園の〔……〕。洪水の後の五年目の正月に私はこの桶を開け
てその中から飲み始めた。16 その日、(67)私は息子たちや孫たち、私たちみんなの妻たち、その娘
たちを招《よ》び、みんな一緒に集まり、17〔祭壇のある場所〕に出かけ、私たちを滅亡から免れさせ

---

(57)「そのすべて」は「その海」にだけかかる。でなければ、次の三つの名詞句に前置詞はつかない。

(58) 創九・四、ヨベル六・六―七を見よ。

(59) 創九・二参照。

(60) 創九・一三では虹のことが言われているが、該当するヨベル六・一六ではこの徴は「弓」と呼ばれている。弓の形をした虹のことであろう。「弓のように見えるものを雲の中に置く」（エゼ一・二八）を参照。

(61) マシーラは「われわれは建てた」と読むが、その前にある *bny* を無視しているようである。

(62) 以下の系図は創一〇章にも出ている。

(63) 創一〇章のノアの三人の息子の系図には娘のことは出ていない。

(64) 創九・二〇。

(65) 葡萄園の場所がルバル山で、四年目に最初の収穫があったことはヨベル七・一に出ている。

(66) マシーラは「私は持って来た」とするが、それには *ʾytt* でなく、*ʾytyt* が通常の綴りである。

(67) 行のはじめに「洪（水のあと）」を補う可能性もある。マシーラは「葡萄園を（植えたあと）」とするが、それだと文字数が多すぎるようである。

てくださった天の主、至高者なる神、[68]大いなる聖者を褒め讃えた。[69]18〔……〕すべて〔……〕
彼の父の[70]〔……〕彼らは飲んだ〔……〕19〔……〕から〔……〕私は〔……〕の上に注いだ
〔……〕葡萄酒〔……〕20–26〔……〕27〔……〕毎年〔……〕

第一三欄

1–2〔……〕3〔……〕あなたに〔……〕王。そして、始めた〔……〕4–7〔……〕8〔……〕野
の動物たち〔……〕乾いた大地を這い回るものが通り過ぎて行く[71]〔……〕9〔……〕石や粘土の
塊を彼らは砕き、そこから自分のものとして取っていた。私は金や銀を眺めていた。10〔……〕
鉄や木を全部砕き、そこから自分のものとして取っていた。私は太陽と月と11星を眺めてい
た。彼らは砕き、そこから[72]自分のものとして取っていた。私は彼らが大地にうごめくものと
水の中にうごめくものを滅ぼし終わるまで眺めていた。水は終わった。[73]12そして、それは終
わった。13オリーブの木を見ようとして私は振り向いた。すると、どうだろう、オリーブの木
は高さがグッと伸び[74]ていた。長いことかけて見事な葉をたくさん伸ばした。14実は大きくなり、
きれいで、その間から見えた。私はこのオリーブの木を観察したが、その葉の豊かなこと！
15〔……〕それに結びつけていた。私はこのオリーブの木とその葉に感嘆した。私はすっかり
感嘆した。〔……〕16空の〔四〕方向から強風が吹いてきて、このオリーブの木を傷つけ、そ

の葉を取り去り、滅茶苦茶にした。最初に 17 西の方から〔風が〕吹いて来て、それに当たり、葉と実の一部を吹き落とし、それを四方に吹き散らし、それから〔……〕18〔……〕から〔……〕

（68）あるいは、「私たちが滅亡を免れたことを思って」。
（69）「至高者なる」という形容詞も、「神」という名詞も純へブライ語が用いられている。借用語ですらない。創一四・一九などに用いられている神の称号であるが、本文書でもここ以外にもしばしば用いられる。他方、著者は「至高者」と訳した純アラム語も用いている。例えば二・四。
（70）マシーラが「私の父祖たち」と訳す *'bwty* はアラム語ではなく、ヘブライ語である。そのあとに彼が再構成した *'hdw* は「彼らは隠した」を意味し得ない。
（71）マシーラの再構成した *hlkyn*「歩いて行く」はアラム語としては不可能。
（72）前行の場合と同じく、「そこから」は、直訳すると「その中から、それから」となり、三人称単数の代名詞が使われているから、太陽や月や星（複数）を砕いていたわけではない。
（73）「終わった」という動詞は複数形であるべきなのに単数形になっている。次の「それは終わった」も単数形で、その主語が不明。内容的にはエノク八九・七「地の泉が干上がり」を参照。ここと似たようなアラム語の表現は第四洞窟出土のエノク書の写本にも部分的に見られる。
（74）「その」の代名詞は複数形で、一三行の、これも複数形の「葉」にかかるのであろう。

第一四欄

[1–6]〔……〕[7]〔わたし〕たちは〔……〕かどうか知っている〔……〕[8]〔……〕君の中に〔……〕[9]〔いま〕注意して聞け。君があの大きな杉なのだ。夢の中で、山頂で君の前にその杉が立っていた。[10]それから出た枝が高く伸びた。その高さが君の三人の息子に匹敵するまで伸びていった〔……〕[11]〔……〕君は最初の枝が杉の切り株に触れているのを見たが〔……〕それから材木が〔……〕[12]〔……〕一生、彼は君を離れない。君の名が彼の子孫につけられる〔……〕[13]〔……〕彼はすべての〔……〕ために真理を植えるために出て行く。[14]〔……〕彼は永遠に立っている。君があの枝が切り株に触れているのを見た〔……〕[15]〔……〕君が別な枝を見た〔……〕[16]〔……〕上の方の枝の中には最初のもの(75)の枝の中に入って行くのがある。二人の〔……〕[17]〔……〕地面から〔……〕左へ〔……〕枝の中に最初のものの枝の中に入って行くものがあるのを君は見たが〔……〕[18]〔……〕地面に住んでいる〔……〕[19]君は神秘を見た〔……〕[20–21]〔……〕[22]〔……〕最初に送った〔……〕[23–26]〔……〕[27]〔……〕杉〔……〕

第一五欄

1-7〔……〕8（？・？・？）9〔……〕君は彼らすべてを見た。もし彼らが（道から）それるなら、彼らの中の多数は悪人となろう。そして、君は10あの人が国の南の方から鎌を手に持って来るのを見た。火が彼のところにあり、すべてを（？・？・？）11国の南から来る彼は大いなる〔……〕12〔……〕不義はみんなで火の上に投げてしまえ。〔……〕13彼は〔……〕の間に来る。そして、君は見た〔……〕14〔……〕その中に壁。四人の天使〔……〕15〔……〕どちら（側？）からも彼らに壁〔……〕土地〔……〕16〔……〕たくさん〔……〕たくさん〔……〕17〔……〕18〔……〕すべての民族の間に〔……〕。彼らはみんな（神々に）仕え、混乱しよう。19〔……〕それに驚いてはならない〔……〕それが〔……〕大きくなってはならない。(76) 20〔……〕私は何もかも本当のことを君に語った。君についてはそのように書いてある。21〔私〕ノアは眠りから〔目覚めた〕。太陽が〔……〕22〔……〕私は〔……〕23〔……〕正義の〔……〕

（75）女性形単数で、一五行に出ている「枝」を意味する女性名詞にかかるのであろう。

（76）前者の「それ」は女性形、後者のは男性形であるから二つの別な対象を指す。

第一六欄

[1–7]〔……〕[8]〔……〕到達〔……〕[9]その中間にある湾（?・?・?）ティナ河(77)まで〔……〕[10]北国全部、〔……〕に到達するまで〔……〕[11]この地域一帯は大海(78)の水を越えガディルに到達するまで[12]彼は籤《くじ》でヤペテとその子孫たちに（これを）永久に領地としてもらうように割り当てた。[13]〔……〕[14]セムとその子孫たちには永久に領地としてもらえるように第二の籤が当たった。[15]〔……〕ティナ河の流れが〔……〕当たった。[16]ティナ河まで〔……〕[17]広大な死海(79)。この領域は泉のようにこの湾から〔……〕[18]〔……〕西へ向かって〔……〕通過する〔……〕[19]〔……〕に到達するまで〔……〕[20]〔……〕東へ[21]〔……〕の中間〔……〕

第一七欄

[1–6]〔……〕[7]セムは自分の分け前を息子たちの間で分割し、最初に〔エ〕ラムに当たったのが北の方のティグリス河の水域から北方の[8]その水源地から紅海に到達するまでであった。それは西(80)へアッシリアへ向かってティグリス河まで到達する〔……〕彼の次に[9]アラムには二つの河の中間で、アッシリアの山々の頂上に到達するまでの土地が〔当たった〕。〔……〕

10〔……〕にこの牡牛の山(81)は位置しており、この部分はそこを過ぎて西へ進みマゴグ(82)に到達
する〔……〕東の海へ〔……〕11この海の沿岸にある三つの部分の先頭の近くにあるこの湾を
囲む北の部分にアルパクシャド〔……〕12南へ曲がる〔領域？〕へ。ユーフラテス河の水に恵
まれる全領域とすべての〔……〕13〔……〕峡谷全体とそれらの間にある平原(83)と湾の中にある
島〔……〕14〔……〕ゴメルの子孫に〔……〕とアマナ(84)。ユーフ〔ラテス河〕に到達するまで
〔……〕15彼の父ノアが彼に分けて与えた部分〔……〕16ヤペテは息子たちに分け与え、まず
ゴメルにティナ河に到達するまでの北方をやり、その次にマゴグに、そしてその次に17マダ
イに。その次にヤワンにルディアの近くにあり、ルディア湾と第二の湾の間にある島々を全部。
トバルに〔……〕移る18〔……〕その土地に。そしてメセクには〔……〕海〔……〕テラスに

(77) 現在のドン河の別名か。
(78) 地中海を指す。ガディルとはスペイン南西部のCádizか。
(79) 直訳は「塩の海」であるが、これが地中海あるいは大西洋を指すのかは確定し難い。
(80) ティグリス、ユーフラテスの両河。
(81) 「タウロス山」という解釈は文法的に難しい。二一・一六でも同様。
(82) 黒海北岸のスクテヤ人を指すか。
(83) 複数形。
(84) アンチレバノン山脈の中のアマヌス山か。

は〔……〕四つ〔……〕の中の湾[19]〔……〕ハムの子孫の領分〔の近くの海……〕

第一九欄(85)

[1-5]〔……〕[6]〔……〕[7]〔私はそこに祭壇を築き?〕そこで神の名を挙げて語りかけ、言った。
「あなた様こそが[8]私にとっては永遠の神でいらせられます(86)」。私は彼を永遠に誉めた。〔し
か〕し、その時点で私はまだ聖なる山に到達していなかった。私は出かけた[9]〔……〕私はへ
ブロンに到達する(87)まで南へ進んで行った。ヘブロンはその頃建ったのだった。わたしはそこ
に[10]〔二年(88)〕住んだ。この地一帯が飢饉に見舞われ、エジプトに食料があると聞いたので[11]エ
ジプトの地へ〔行こう?〕と思って出かけた。河(89)の上流の一つであるカルモン河[12]に到達し
た時、私は〔思?〕った。これ〔まで?〕は自分たちの土地にいたが、この河の七つの支流(90)
を渡った。[13]〔……〕さて、われわれの土地をあとにして、ハムの子孫の地であるエジプトの
地に入った。

[14]私アブラムはエジプトの地に入った夜、夢を見た。夢の中で見ていると、杉が一本、それ
と非常に〔美しい?〕[15]ナツメヤシ(91)が出ていた。何人かの人がやって来て、杉は根こそぎ切
り倒し、ナツメヤシはそのまま残しておこうとした。[16]ナツメヤシは声を大にして、「杉を切
らないで! 私たちはどちらも同じ根(92)から〔育った?〕んだから」、と叫んだ。杉はナツメヤ

シのおかげでそのままにしておいてもらい、[17]切られなかった。私は夜中に目が覚め、妻のサライに言った。「夢を[18]見たんだ。あの夢のことがまだ怖い」。彼女は言った。「夢のことを話してちょうだい。私には分かるかも」。そこで、あの夢のことを彼女に語り始めた。[19]〔この〕夢の〔意味を彼女に?〕伝えた〔……〕「奴らは、僕《しもべ》は殺し、君には手をつけようとしないだろう。〔君が僕のためにして〕くれることができるのはただこれなんだ。[20]〔僕らが〕ど

---

(85) 第一八欄にはぽつぽつと文字が残っている程度で実質的に解読不可能である。
(86) 創一二・八では、アブラムの一行はベテルに到達し、彼はそこに祭壇を築いたことになっているが、この告白はない。しかし、ヨベル一三・八にこの告白は記録されている。
(87) 創一二・九にはただ「南下した」とあるだけで、ヘブロンは言及されていない。ヨベル一三・一〇ではヘブロンが言及されている。
(88) 二二・二八とヨベル一三・一〇によって復元。ここからは創一二・一〇以下を敷衍している。
(89) ナイルのことであろう。
(90) ヘロドトス（二・一七）、また創世記外典とほぼ同時代のディオドール（一・三三・七）もナイルの支流を七つ挙げているが、その中に「カルモン」の名はない。
(91) ナツメヤシに相当するアラム語の単語には男性形のものと女性形のものがあるが、ここでは後者で、妻のサライを象徴している。
(92) サライはアブラムにとっては異母姉妹だった（創二〇・一二）ことを指すのであろうか。

こへ〔行っても〕、僕のことを『あの方は私の兄です[93]』、と〔言ってくれ？〕。そうすれば、私は君のおかげで助かり、命拾いすることになるから。[21]みんなは君を私から取り去り、私を殺そうとするだろう」。その夜、サライは私の言ったことを聞いて泣いた。[22]ゾ〔アン〕のパロ〔……〕サライがツォアンへ[94]向かう〔……〕[23]彼女は、〔だれにも〕見られないように、と随分〔心配した。私はそこに五年いたが、〕その五年後に[95][24]エジプトの名士の中から三人の男がツォアンのパロ〔……〕私の言葉と知恵に[96]関連して私のところに〔やって来て〕、私のためだとして〔たくさんの贈り物？[97]〕を渡し始め、[25]本と知恵と真理をいただきたい、と言った。私は彼らの前でエノクの言葉の書を朗読した。[26]〔……〕来る〔……〕[27]〔……〕たくさんの食べ物と〔たくさんの〕飲み物〔……〕葡萄酒

第二〇欄

[1]〔……〕[2]〔……[98]〕彼女の顔《かんばせ》の造作はなんと素晴らしく、美しいんだ！ [3]頭髪はなんと手触りが良く、細やかなんだ！ 眼はなんと素敵で、鼻はなんと魅力的なんだ！ [4]顔の輝きは〔……〕胸は[99]なんと素敵で、色白の肌のなんと美しいこと！ 腕はなんと美しく、手はなんと[5]完璧なんだ！ 手はいつ見ても楽しくなる。掌《てのひら》はなんと素敵、手の指はどれもなんと長くて細いことか！ 足は[6]なんて美しく、脚はなんとも申し分ない！ 結婚式場に入って行く処

女や花嫁で彼女より美しい者はあるまい。7 彼女の美貌はすべての女性を凌駕する。その美貌においても彼女はみんなに優る。あらゆる点におけるこの美貌に加えて彼女には少なからぬ技能[100]

---

(93) 創一二・一三によれば、サライは「私はあの方の妹です」、と言うように指示されている。ヨセフス（『ユダヤ古代誌』一・八・一）の記述も創世記外典と同じで、原文では「兄」か「弟」か、あるいは「姉」か「妹」かは不明。

(94) 古典文学ではタニスとして知られるエジプトの大都会。

(95) ヨベル一三・一一「エジプトに五年間住んだところで妻を奪い取られた」を参照のこと。

(96) フィッツマイヤーその他は「私の妻」と読むが、マシーラがそれを訂正している。

(97) 「エノクの言葉の書」はヨベル二一・一〇を始め「十二の遺言」に何度か言及されている。アブラムとエジプトの知識階級との間の交流についてはヨセフス『ユダヤ古代誌』一・一六一－一六六に描写されている。

(98) 以下に続くサライの肉体美の異常なほどに詳細な描写は創一二・一一「君は美女である」に著者が飽き足りなかったからであろう。

(99) 「乳房」とする訳もあるが、使われている名詞は単数形である。

(100) ここのアラム語の名詞は「知恵」と訳されることもあるが、純粋に知的なあるいは倫理的な素質というよりは実利的な技能を指すと思われる。この箇所は箴三一・一〇以下の理想的な妻、家庭の主婦への賛歌を想起させる。アレキサンドリアのフィロン（『アブラハム論』九三項）で彼女の美貌のほかに、人柄（原語*psukhe:*）の良さに触れているが、これは彼女の知性のことではなく、「賢女」とは違う。

が備わっている。彼女の手作りの品は [8]素敵である。王はヒルカノス[101]とその同僚の中の二人
の言うことを耳にし、三人が異口同音に口を極めて語るのを聞いて、彼女に魅せられ、すぐさ
ま人をやって [9]彼女を召し入れた。彼は彼女を見てその完璧な美貌に驚嘆し、彼女を妻として
召し抱え、私を殺そうと図った。サライは王に、[10]私が彼女のことで掛け合っている時[102]、「あ
の人は私の兄です」、と言った。私アブラムは彼女のおかげで見逃してもらい、殺されなかっ
た。私アブラムは [11]甥のロトも、サライが強制的に私から連れ去られたその夜、激しく泣いた。
[12]その夜、私は祈り、乞い求め、嘆願して、深い悲しみに沈んで、涙を流しながら言った。「い
と高き神にいまし、永久《とわ》に私の主であられるあなた様はほむべきかな！ [13]あなた様は主にい
まし、万人に対して権威をお持ちであり、地上のすべての王に対して権威をお持ちであり、彼
らすべてに対して正義を行使できる権威をお持ちです。今ここに、[14]わが主よ、エジプト王、
ツォアンのパロに対して、力をもって妻を取り上げられたことを訴えさせていただきます。私
のために彼を正義をもって裁いてください。彼と彼の全王室に対してあなた様の大いなる手[103]
を [15]見させていただきとうございます。今宵、私の大事な妻を彼が勝手に陵辱するようなこと
のありませんように。わが主よ、あなた様が地のすべての王の上に君臨されることを彼らに知
らしめてください。[16]私は泣き、口をきかなかった。その夜、いと高き神は彼と全王室を苦し
めるために苦難の霊、[17]災いの霊を送られ、彼と王室の全員を苦しめ続け、彼女に触れること
はできず、彼女と褥を共にすることもなかった。彼女は彼のところに [18]二年いたが[104]、二年目

の終わりにはこの苦痛と災難は彼にとっても、王室の全員にとっても厳しく、激しくなり、彼
は人をやって [19] エジプトの賢者、魔術師をエジプトの医者全員と一緒に呼び、彼と廷臣たちを
この苦痛から癒してくれるだろうか、と思ったが [20] 医者や、魔術師や、賢人たちの中のだれ一
人として彼をちゃんと癒すことができなかった。その霊は彼らをも苦しめ、彼らは逃げ出した
からである。
[21] それからヒルカノスが私のところに来て、どうか行って、王のために祈り、[22] 彼の上に
手を置いて、[105] 助かるようにしてもらいたい、と乞うた。私が夢枕に立ったから、というので

（101）こういう名を持つ人物は古代エジプトには知られていない。

（102）原文の *kdy hwyt mtgr 'l dylh'* を「彼女のおかげで恩典が得られるように」と解釈することは無理である。*kdy* は目的を表す接続詞ではなく、時を表す。続く動詞は過去進行形であり、目的を表現するには未完了形を用いる。最後の二語は「彼女のおかげで」を意味し得ない。肝心の動詞は *mtgr* をつづめた綴りで、「交渉する」を意味する分詞である。

（103）「手」の行使は力と権威の象徴である。

（104）ヨベル一三・一一―一六によれば、アブラム夫婦はエジプトに七年間いたとあるので、一九・二三と照らし合わせると、この「二年」という数字は合点がいく。

（105）患者の上に手を置いて治療するというやり方は新約聖書にはしばしば言及されている。例えば、マタ九・一八、マコ六・五。

あった。ロトが彼に対して [23]「妻のサライが彼（＝王）のところにいる間は伯父(106)は王様のため
にお祈りはできません。さあ、行って、彼の妻を夫に送り返し、祈ってもらって助かるように
しなさい」、と言った。
[24]ロトの言葉を聞くと、ヒルカノスは行って、王に言った。「王様、閣下が受けておられ
る [25]この苦痛と災難はみんなアブラムの妻サライの所為《せい》です。サライは、どうぞ、夫のアブ
ラムに返すようになさってください。[26]そうしたら、この苦痛と厄介な霊は閣下を離れます」。
彼（＝王）は私を呼びつけて私に言った(107)。「拙者に対してなんということをしてくれたのだ？
なぜ、[27]自分の妻なのに、『あれは妹です』、と繰り返し言ったんだ？　だから妻として召し
入れたのだ。ほれ、お前の妻だ。連れて行け。エジプトの全土から [28]身を引くのだぞ。さあ、
拙者と王室のために祈って、このひどい霊とおさらばさせてくれ」。私はその迫害者(108)のために
祈り、[29]その頭に手を置くと、苦痛は彼から消え去った、悪〔霊は彼から？〕追い出され、彼
は立ち直り、[30]王は〔この日？〕たくさんの贈り物を私にくれ、自分は彼女と褥を共にしたこ
とはないし、彼女を陵辱はしなかった、と王は私に対して厳粛に誓い、私にサライを [31]返し
てくれた。王はまた彼女にもたくさんの〔銀？〕や金、亜麻布と紫布の衣装を [32]彼女の前に
広げて、贈呈し、ハガルもくれた(109)。そして、彼女を私に渡してくれ、〔私をエジプトから〕送
り出す人たちを私につけてくれた。
[33]私アブラムは非常に多くの財産、また銀や金(110)も携えて出発し、〔エジプト？〕から上った(111)。

甥の 34〔ロト？〕も同行したが、ロトも多くの財産を得て、〔エジプトの？〕女の中から妻を娶《めと》ったが、私は

第二一欄

1〔以前〕宿営したところではどこでも〔彼と一緒に？〕宿営した。そして、遂にベテルの、以前祭壇を築いた地点に到達し、それを再建し 2 そこに全焼の生贄と穀物の捧げ物をいと高き神にお供えし、そこで永遠の主のお名前をあげて語りかけ、神の名を讃え、神を 3 讃

---

(106) 創一一・二七によればロトの父のハランはアブラムの弟のようであるので、アブラムはロトの叔父でなく、伯父に当たる。

(107) 以下は創一二・一八―一九に依る。

(108) 原文の読みは争われているが、マシーラの *'rp*、「私が治療する」はヘブライ語である。

(109) 創世記ではハガルは一六章になって初めて登場する。エジプト人の彼女はアブラム夫妻のエジプト滞在中にサラの婢女《はしため》となったのかもしれない。サラがパロのもとにいた時に目撃した目覚ましい出来事に感銘を受け、自分の娘をサラに与えた、というユダヤ教側の伝承もある。

(110) 旧約の古いところでは「金銀」でなく「銀金」の順序である。時代とともに二つの金属の価値が変動したのかもしれない。

(111) 聖地あるいはエルサレムへの移動は「上る」、そこを離れることは「下りる」と言われる。

え、そこで、神の前で、私に賜ったすべての財産や貴重品のことを感謝し、私に良くしてく
ださり、4この地に無事に帰らせてくださったことを謝した。5この日を境にして、私たちの
羊飼いの間の出来事(112)のためにロトは私と訣別し、ヨルダン峡谷に別に住んだが、財産も全部
持って行った。6私も彼のものにかなり足してやり、彼は自分の家畜(113)の放牧を続けた。そし
て、彼はソドムに到達し、ソドムで家を手に入れて、7そこに住んだ。他方、私はベテルの山
に住み続けたが、甥のロトが私と訣別したことが私には不快であった。
8(114)夜の幻の中で、神が私に姿を現して仰せられた。「君が今住んでいるベテルの北のハツォ
ルの高地(115)に登り、9目を上げ、東西南北を見、私が君と君の子孫に永久に与える10この土地
を全部見てみよ」。翌日、ハツォルの高地に登り、その土地を11この高地から眺めた。エジ
プトの河からレバノンとセニル(116)まで、大海(117)からハウラン(118)まで。カデシュまでのゲバルの全地、
12ハウランとセニルの東にあり、ユーフラテス河までの大砂漠の全部。彼は私に仰せられた。
「この全地を君の子孫に与え、彼らはこれを永久に嗣《つ》ぎ、13君の子孫を、人間にはだれにも数
え切れない地の塵のように増やそう。君の子孫も数え切れないほどになる。立って、歩いて
行き、14その長さがどれだけあり、その幅がどれだけあるかを見てみよ。これを君と、君の子
孫に永劫に与える。15私アブラムは歩き回ってこの土地を見ようと出かけた。ギホン(119)河から
歩き回り始め、海の岸まで来て、16牡牛の山に到達した。私は、この塩の大海から進んで、牡
牛の山に沿って東の方へ横断し、17ユーフラテス河に到達し、ユーフラテスに沿って歩き回り、

東の方の紅海[120]に到達した。私は紅海に沿って進み続けたが、18 紅海から流れ出す葦の海の突き出ている地点[121]に到達した。そこから南の方へ[122]歩いて行き、ギホン河に到達し、19 引き返して無事帰宅してみると、一族郎党みな元気でいた。私はヘブロンの北東にある、20 ヘブロンの

(112) 創一三・五–七参照。
(113) アラム語の原語は広く「財産」を意味する名詞であるが、二人の生活体系が放牧であったことから、具体的には牛、羊、山羊などの家畜を指すのであろう。二〇・三三、三四では「財産」と訳した。
(114) 以下は創一三・一四–一八の敷衍である。
(115) 創一三章には言及されていないが、ベテルより一〇〇メートルぐらい高く、ユダで最も高い地点。
(116) 申三・九によれば、アモリ人はヘルモン山のことをセニルと呼んだ。
(117) 一六・一一と同じく、地中海を指す。
(118) 古くは「バシャン」として知られた、ダマスコ南部の高原地帯。エゼ四七・一六参照。
(119) 創二章にエデンの園を流れる四つの河の一つとして言及されているが、ここでは二一・一一の「エジプトの河」と同じくナイル河を指すのであろう。ヨベル八・一五、ヨセフスの『ユダヤ古代誌』一・一・三参照。
(120) ここではペルシャ湾を指すとしか考えられないが、ヨセフスの『ユダヤ古代誌』一・一・三、ヘロドトス一・一八〇などにも同じ視点が出ている。
(121) スエズ湾の南端のことであろうが、スエズ湾も「紅海」とも呼ばれるので、混乱を起こしかねない。
(122) ナイル河に到達するには、北上しなければならないはずであるが、出発点の北のカナンが念頭にあるのかもしれない。

マムレの樫《かし》の木のところへ行って住んだ。そこに祭壇を築き、そこで全焼の生贄と穀物の供え物をいと高き神にお供えし、そこで 21私は家族一同と宴を設け、人をやって、マムレ、アルネム、エシュコルというアモリ人の兄弟で私の友人[123]を招待し、彼らも 22私と一緒にみんなでご馳走に与《あずか》った。23この時期より先に、エラムの王ケダルラオメル、バビロンの王アムラペル、カパドキアの王アリオク、ゴイム、すなわちメソポタミアの王ティラル[124]が到来し、24ソドムの王ベラ、ゴモラの王ビルシャ、アデマの王シナブ、25ゼボインの王シェミアバド、並びにベラの王と戦争をした。彼らは戦争のためにシデムの谷に集結した。エラムの王と 26彼と同盟を結んでいる王たちはソドムの王とその盟友たち全部より優勢で、彼らに納貢義務を課し、彼らは一二年間 27エラムの王に貢物を納めた。彼らは一三年目に彼に対して叛旗を翻《ひるがえ》し、一四年目にエラムの王はすべての 28盟邦を率いて荒野の道を上り、ユーフラテス河から先を攻撃、略奪を繰り返し、アシュタロテカルナイムのレファイム人、29アモンのズムザム人[125]、シャヴェハケリオット[126]のエミ人、ゲバル山中のフリ人を攻撃して、荒野の中のエル 30パランに到達した。彼らは引き返して、エン〔ディナ?〕とハザゾンタマルの〔人たち?〕を攻撃した。31ソドムの王は〔ゴモラ?〕の王、アデマの王、ゼボインの王、ベラの王と共に彼らを迎え撃つべく出陣し、〔シデムの〕32谷でエラムの王ケダルラオメルとその盟邦たちを相手に戦闘を仕掛けたが、ソドムの王は破られ、逃走し、ゴモラの王は 33〔アスファルトの?〕穴に落ち込んだ。〔……〕エラムの王はソドムと〔ゴモラの〕資産を全部略奪し 34〔……〕彼らが見つけた〔……〕彼の甥のロトは捕虜になった。

第二二欄

[1]アブラムの。彼はソドムに住んでいたが、彼らと一緒に、また家畜ごと〔……〕(127)アブラムがロトに[2]与えた羊の牧者をしていた者の一人が捕獲した敵の手を脱してアブラムのところへ来た。その頃アブラムは[3]ヘブロンに住んでいたが、甥のロトがその家畜もろとも捕虜になった、だが殺されはしなかった、[4]王たちは大峡谷の道を通って、自分たちの領土へ出発

---

(123) 創一四・一三によれば、当時アブラムはこの三人兄弟と同盟関係にあった。

(124) 創一四・九によれば「ティダル」とあるが、当時のヘブライ語の書体では*D*と*R*の文字は酷似していた。

(125) 創一四・五によれば「ハムのズジ人」。

(126) 創一四・五によれば「シャヴェキリアタイム」。

(127) ロトのことを言っているのであろう。創一四・一二を参照。欄が変わって訳しにくいが、全体としての文章の流れは「ソドムに住んでいたアブラムの甥のロトは彼らと一緒に、財産ごと捕虜になった」である。「彼ら」とはソドムとゴモラの王のことであろうか。ロトの家族のことは出ていない。また、王たちと一緒に住む、というのもおかしい表現なので、「彼らと共に」は「捕虜になった」にかかるのであろう。

し、捕虜を捕獲し、略奪、攻撃、殺人を犯しつつ 5 ダマスコの町へ向かっている、と聞かさ
れた。アブラムは甥のロトのことを想って泣いたが、アブラムは気を取り直して、立ち上がっ
て、6 自分の奴隷の中から兵士として優れた者三一八人を選び出した。アルネム、7 エシュコ
ル、マムレは彼と一緒に出撃し、彼ら（＝敵）を追跡し[128]、ダンに到達した時、彼らが 8 ダン
の渓谷に露営しているところを見つけ、夜間に四方から撃ちかかり、9 夜間に（敵兵を）殺し、
打ち負かした。彼を恐れて逃走し始めた者どもを全部追跡し、10 ダマスコの北に位置するへ
ルボンに着き、彼ら（＝敵）の手から彼らが捕虜にした者たち、11 略奪したものいっさい、貴
重品のすべてを取り返した。また、彼（＝アブラム）は甥のロトもその家畜と一緒に救出し
た。12 捕虜にされた者たちも全員連れ戻した。ソドムの王は、アブラムが捕虜になった者全員、
13 略奪されたものも全部持って帰って来た、と聞き、サレム、即ちエルサレムに彼に会いに
上ってきた。アブラムはエメクシャヴェに 14 露営していたが、これは王の谷、ベートハケレ
ムの峡谷である。サレムの王メルキゼデクはアブラムと彼と一緒にいた全員のために 15 ご馳
走[129]を取り出した。彼はいと高き神の祭司で、アブラムを祝福して 16 言った。「アブラムは天
地の主であるいと高き神に覚えめでたき人であれかし。敵をあなたの手に引き渡された 17 い
と高き神は褒められよかし」。彼（＝アブラム）は彼にエラムの王とその盟邦の財産の一〇分の
一を差し出した。
18 するとソドムの王は進み出てアブラムに言った。「アブラム殿、19 貴殿がエラムの王から

奪回して、今貴殿のところにいる私の者共をいただきたい。財産は[20]一切そのまま取ってお
いていただいてよろしいです」。するとアブラムはソドムの王に言った。「私は今日[21]天地の
主なるいと高き神に手を上げて〔誓約いたします〕。たかが糸一本であれ、靴紐であれ、[22]貴
殿のものには手をつけません。アブラムの富は全部私の財産に由来する、と貴殿に言われたく
ないのです。[23]私のところにいる家来どもがすでに食べたものは別として、また私と一緒に出
陣した三人の[24]男性の分け前も別です。貴殿に幾分か差し上げるかどうかは彼らの決定次第
です」。アブラムはすべての財産と[25]捕虜とをソドムの王に返し、この土地の者で彼（＝アブ
ラム）のところに捕虜になっていた者は全員釈放し[26]帰宅させた。[27]以上のようなことがあっ
たのち、神が幻の中でアブラムに姿を現して彼に仰せられた。「さて、[28]君がハランを出発し
た日から一〇年が経った。ここで二年、エジプトで七年働き、[29]エジプトから戻ってから一年
になる。さあ、調べて、君が持っているものを全部勘定してみるがよい。ハランから出発した
日に[30]持っていたものが何倍に増えたかを見てみよ。さあ、怖がるでない。私は君と共にい
る。私は君の[31]支えと力になる。私は君より強い者から君を守る盾である。君の富と財産は

（128） ここから動詞はアブラムを主語として単数形になる。
（129） 直訳すれば「食べ物と飲み物」。創一四・一八を直訳すれば「パンと葡萄酒」だが、パンだけでは
お粗末過ぎよう。

とてつもなく[32]増える」。アブラムは言った。「わが主なる神よ、私めには富と財産はどっさりございます。なぜ私に[33]こんなにあるのでしょうか？　死ぬ時は子供もなく、裸一貫で去ります。家族の一員であるエリエゼルが私の跡取りになります。（?・?・?）」（神は）彼に言われた。「この子が君の跡取りになることはなく、〔……〕出る者(130)〔……〕」

（130）創一五・四にあるように、「お前の身から出る者が……」と続くのであろう。

ハバクク書注解書（1QpHab）

本文書も、「創世記外典」と同じく最初に出土した少数の死海写本の一つである。(1) 既知の旧約聖書の写本でなく、その中の一書についての注解書という極めて斬新な古代ユダヤ教文献として当初から注目を浴びた。しかし、注解書と言っても、難解な語句を説明する、いろいろな解釈を比較、評価して自分に最善と思えるものを提示する、というような意味での注解ではなく、聖書の言わんとするところが、注解者が置かれている宗教的、精神的状況の中でどう適用できるかを示そうとしている。本文書の場合は、クムラン教団の精神的指導者と目される、「正義の教師」と呼ばれている人物とその一派と、その反対勢力として「偽りの教師」「不正な祭司」などと称される人物との拮抗が絶えず背景にある。この相対立する二人が歴史上のだれであったかを特定する手がかりは本文書の中にも、他の死海写本の中にも一切見当たらない。

現在の祖国は、「キッティム」と呼ばれ、普通ローマ民族と同定される外国勢力に蹂躙されているが、終わりの時には神はこの勢力を敗北させられるから、その時に備えて、「正義の教師」の指導に服するように著者は読者に呼びかける。こういったところから、本文書は紀元前一世紀ごろの著作ではないか、と言われる。

（1）「創世記外典」についての序文を参照されたし。

「解釈、意味」を意味するところのヘブライ語名詞（*pesher*）が本文書では三〇回ほど用いられ、本文書の重要な語彙の一つとなっている。本文書に続いて、旧約の他のいくつかの文書、例えば詩編、ホセア書、ミカ書、ゼファニア書、ナホム書、イザヤ書などについての注解書も出土し、総括して「ペシェル文書」と呼ばれるようになった。

本文書の巻物は比較的よく保存されているが、現在のところ一三欄あり、各欄は一七行あったらしいが、ほとんどの欄の最後の数行は判読が著しく困難か、一字も残っていない。最後の欄はハバクク書の二章の最後である第二〇節で終わっていて、注解を含めて四行あり、その下に相当な空隙があり、そこには何も書かれていなかったようである。著者の用いたハバクク書の原本に第三章がなかったのか、あるいは何らかの理由で注解をここで打ち切ったのか、どちらかであろう。本文書の写本には、第一章についての注解と第二章についての注解の間に区切りはない。

本訳は、イスラエルの高名な死海文書の研究者であるエリシャ・キムロンの校訂したものに依拠している。(2) 本文書についての研究書、論文は膨大な量にのぼるが、ブラウンリー、エリガー、ニツァンの注解書は有用である。(3)

いたるところに引用されているハバクク書の原文は、できるだけこの注解者の理解に沿うような和訳にしてある。

（2） Elisha Qimron, *The Dead Sea Scrolls: The Hebrew Writings*, 3 vols. (Jerusalem, 2010-14) のうち、二〇一〇年出版の第一巻、二四三－五七頁である。

（3） K. Elliger, *Studien zum Habakkuk-Kommentar vom Toten Meer* (Tübingen, 1955); W.H. Brownlee, *The Midrash Pesher of Habakkuk* (Missoula, MT, 1979); B. Nitzan, *Pesher Habakkuk: A Scroll from the Wilderness of Judaea (1QpHab)*［現代ヘブライ語］(Jerusalem, 1986).

第一欄

1「〔……〕叫んだのに〔お聞き〕くださらない」【ハバ一・二】2〔……〕時代の始まり(4) 3〔……〕彼らに襲いかかる〔……〕4「彼ら(5)は〔……〕を訴えて叫ぶ」【ハバ一・二】5「〔……〕あなたは苦労を視ておられる」【ハバ一・三】。6〔……〕神は搾取と裏切りを 7〔……〕8〔……〕財産（？）を奪い〔……〕「そして争いがあっ〔た？〕」【ハバ一・三】9〔……〕彼らは争い（を行い）、〔正義の教師に対して〕禍いを企んだ（？）10〔……〕「それゆえに掟は緩み」【ハバ一・四】11〔……〕神の掟を忌み嫌《い》ったところの〔……〕12「〔悪人が〕義人(6)を〔取り囲み〕」【ハバ一・四】13〔……〕それは正義の教師である。14「それゆえ、審判が〔歪められて〕出される」【ハバ一・四】15〔……〕でない〔……〕16〔……〕17〔……〕

第二欄

1「語られ〔ても〕〕」【ハバ一・五】〔この聖句は〕虚偽の人に組する裏切り者たち〔に関わるものである〕2彼らは、神の口から聞いて語る正義の教師(7)〔の言葉を信用しなかったからである〕3さらにまた、新しい〔契約を裏〕切った者たちにも関わる。彼らは 4神の契約を信用せず、その聖なる名を汚《けが》〔したからである〕。5 また同様に、この聖句は最後の時代の裏〔切り〕者たちにも関わる。6–8イ 彼らはご自分の僕《しもべ》であるすべての預言者たちの言葉を解釈するように〔内心に理解力を〕神から賜った祭司の口から最後の世代に降りかかるようになることを聞いても信じようとせず、〔契約に逆らう〕怖い敵たち(8)である。8ロ–10イ 神は彼ら（＝預言者たち）を通して、ご自分の民と〔都〕に降りかかろうとすることを全部語られた〔からである〕。10ロ–11「残忍で、気のはやっている民族、カルデヤ人を私は動員する」【ハバ一・六】12–13 これはキッティム(9)に関わる。〔彼らは〕動きが早く、キッティム帝国内の多数の〔優秀な〕者たちを滅ぼすことのできる兵隊である。14–15 また、〔契約を嫌って神〕の定めを信頼しようとしない指導者たちにも〔関わる〕。〔……〕16–17〔……〕

（4）「始まり」と訳した単語は一部修復されたものであるが、「希望」、「病」、「遺産」などの訳も可能。

（5）ハバ一・二ではこの動詞の主語は「私」。著者と同時代の義人たちのことかも。

（6）「義人」は単数形で定冠詞がついており、特定の人物を指すのであろう。

（7）ここの原語は、クムラン教団が指導者と仰ぐ人物の担う一般的な称号（*mwrh hsdq* モーレ ハツェデク）とは少し違い、（*mwrh hsdqh* モーレ ハツェダーカー）であるが、前者はホセ一〇・一二の表現に、後者はヨエ二・二三のそれに近い。「正義の教師」とは「正義を教えさとす教師」のこと。

（8）正義の教師に逆らう者たちに対するこの呼称は、義人をいじめようとして歯をむき出す悪人（詩三七・一二）のことだとする詩編の注解書にも用いられている（4Q171 1-2ii13）。

（9）ローマ民族のことを指すと思われる。

第三欄

[1]地上の都市を攻撃し、略奪するために平原を進軍する。[2–3]「自分のものでもない集落を取り上げる。彼らは恐ろしく、怖い。彼の正義と威厳は自分で定める」【ハバ一・七】、というのはこのことである。[4]これは、すべての民族に怖がられ、恐れられているキッティムに関わる。[5–6イ]協議のうえ相手に害を与えることを専らとし、すべての民族を欺瞞と策略をもって扱う。[6ロ–9イ]「彼らの馬は豹よりも速く、夕暮れ時の狼よりも敏捷である。彼らの軍馬は跳びはね、軍馬は獲物を食い尽くそうとして、さっと飛びかかる鷲(10)のように遠くから飛んで来る。ただひたすらに暴虐を意図して東の方に目的を定めている」【ハバ一・八―九】。[9ロ–11]これは、その馬や他の動物で大地を踏みつけ、遠く海の彼方から鷲のようにやって来てあらゆる民族を食い尽く(11)そうとするキッティムに関わる。[12–13]それでも飽き足りず、どこへ行っても〔敵と〕怒って、憤激して、腹立たしげに怒鳴り散らす(12)。これが[14]「東の方に目的を定めていて、捕虜を砂のように集めた」【ハバ一・九】とあることの意味である。[15]その〔言わんとするところは……〕[16–17]〔……〕

第四欄

1「彼ら(13)は嘲《あざけ》り、指導者などは一笑に付す」【ハバ一・一〇】。この意味するところは、2彼ら(14)
は偉い人たちを嘲笑し、高い地位にある人たちを馬鹿にし、王たちや3大臣たちは相手にも
せず、大軍(15)を嘲る、というのである。「彼は4どんな要塞も嘲笑《あざわら》い、土塁を築いて(16)、これを

---

(10) 鷲は、古代ローマ帝国の象徴的な存在として重んじられた。

(11) 原文では「そのすべて」を意味する単語は九行の冒頭にあり、その前の八行は「食う」で終わっているが、死海写本の時代には、行の区切りはまだ確定しておらず、この注解者は八行を締めくくる文の一部と捉えている。

(12) ヘブライ語は喜怒哀楽を表現するのに異常なほどに豊富な語彙を持っており、ここに「怒り」を意味する名詞が四つも並んでいる。

(13) 原文の単数形の「彼」はカルデア軍を指す。

(14) キッティムを指す。

(15) 七行では同じヘブライ語の語句がキッティムの率いる大軍を指すので、ここでもその可能性もあり、「大軍をもって」と訳すこともできる。

(16) 直訳は「土を集める」。「土」を意味するヘブライ語の単語は「兵隊」を指して用いられることはないので、「大軍を集めて」という意味ではなかろう。

占拠する」【ハバ一・一〇】[5]これはキッティムの指導者たちに関わり、彼らは[6]あらゆる民族
の要塞を嘲り、これを嘲笑をもってあしらい、[7–8]大軍をもってこれを包囲して占拠し、戦
慄と恐怖のうちに彼らの手に引き渡され、そこに住む者たちの罪ゆえにそれ（＝要塞）を彼ら
は破壊する(17)。[9]「それから、彼(18)は風のように過ぎ去って行った。この者は自分の力(19)を己が神
としてまつりあげた(20)」【ハバ一・一一】。[10]これはキッティムの指導者たちに関わる。[11–13イ]彼らの
指導者たちは、彼らの罪深い決定に従って、一人が次の同僚の前を去り、一人また一人と現
れて世〔界を〕破壊する。[13ロ]「この者は自分の力を己が神〔……〕」【ハバ一・一二】[14]その意味は
〔……〕いろいろな民族[15–17]〔……〕

第五欄

[1]「あなた様は彼(21)〔ら〕を裁きのために任じられたのでした。そして、おお、岩よ、あなた
様は彼〔ら〕を諫《いさ》める者として彼〔ら〕を立てられたのでした。眼が清くて[2]悪をじっと観
ることのできないお方よ！　しかし、苦労もじっと見つめることはおできにならない」【ハバ
一・一二―一三(22)】。[3]この聖句の意味は、神は異教徒たちの手を借りて自分の民を滅ぼされること
はなく、[4]神はすべての異教徒たちの裁きをご自分の選ばれた者たちの手に委ねられ、彼らの
糾弾によって[5–6イ]神の民の中の悪人たちは皆有罪となる。苦しい時にも彼の掟を守った人た

ち[23]である。6ロ−7「眼が清くて悪を観ることのできないお方」、とあったが、その意味するところは、悪の〔跳梁跋扈《ちょうりょうばっこ》する〕時代に、彼らは自分の目が観ていることに惹かれて道を誤らなかった[24]、ということである[25]。8−9イ「裏切り者たちよ、悪人が自分より正しい者を呑みこもう

---

(17) 自分の民の罪を罰するために他民族を神が用いられる、という思想は聖書にはほかにも知られている。以下五・一も参照。

(18) カルデア軍を指す。一行を参照。

(19) 軍事力のことであろう。

(20) 伝統的なヘブライ語原文は一字違いで「彼は誤った」と読む。続く注解は伝統的な原文では不可能である。死海写本のここの原文では、これ以外の分析は「彼の神」の前に付した前置詞ゆえに無理である。

(21) 神の民イスラエルを指す。次の「彼〔ら〕」はカルデア。

(22) イスラエルの神は悪が横行している時、見て見ぬ振りはおできにならず、然るべく罰を下されるが、人が不当に苦しんでいるのを無視なさることもおできにならない愛の神である。

(23) 糾弾者たちのこと。

(24) これ見よがしに自分の肉体美をひけらかす女性の衣装に目が眩《くら》む、というような直接的な反応だけでなく、芸術的に傑作と言えるような仏像に惹かれる、というようなことも含まれる。民一五・三九、エゼ六・九、「共同体の規約」一・七参照。

(25) 上の5−6イ行では、注解者はこの引用聖句を神に当てはめているから、ここではそういう神を崇める者の姿勢について語っているのであろう。

としている時に、なぜ黙《もだ》して、ただ眺めているのだ？」【ハバ一・一三】(26) 9ロ−12イ これはアブサロムの一族と彼らの決定を支持する者どもに関わる。彼らは正義の教師が糾弾されている時に黙し、(27)彼らの決定に与《くみ》しているがために律法を蔑《なみ》した偽教師の肩をもって彼（＝正義の教師）を助けなかった。12ロ−16「あなた様は人間を海の魚、動き回る〔小魚〕のようにお造りになり、これを管理するようにさせられました。彼は何もかも針で引き上げ、網の中に引っ張り込み、漁師〔の網〕に集めます。それゆえ彼は自分の網に生贄《いけにえ》を供え、それゆえ、彼は喜び〔楽しみ、漁師の網に香を焚きます〕。収穫が豊穣で、〔食べ物がどっさりあるのもこの〔網の〕お陰だというのです」【ハバ一・一四−一六】(28)。この意味するところは〕17〔……〕

第六欄

1−2イ キッティム。彼らはそのすべての戦利品で、まるで海の魚みたいに自分たちの資産を増やした。(29) 2ロ−3「それゆえ彼は自分の網に生贄を供え、漁師の網に香を焚く」とある聖句【ハバ一・一六】の意味は 4 彼らは自分たちの徴《しるし》(30)に生贄を供え、自分たちの武具が畏怖の対象である、というのである。5「収穫が豊穣で、食べ物がどっさりあるのもこの〔網の〕お陰だ」【ハバ一・一六】とあることの 6−8イ 意味は、自分たちの食べ物である軛《くびき》や税金を年々広くすべての民族に課して、多くの国を滅ぼしている、ということである。8ロ−9「それゆえ彼は剣を抜いて(31)、いつでも諸国民を容赦なく斬り捨てる」【ハバ一・一七】。10―12イ これはキッティムに関わり、彼らは多くの人を、若者、成人、老人、婦女子を剣で滅ぼし、胎児をすら可哀想と思わない。12ロ―14「私は、自分の持ち場に立ち、自分の砦《とりで》(32)にしかと足を踏ん張り、彼が私に対して何を語られ、私の抗議に対してなんと〔お答えになるか〕を見極めよう。するとヤハウェは私に答えて 15〔言われた。『幻を書き記し(33)』、板の上にはっきり書け。走りながらでも〔それが読めるように』【ハバ二・二】。この意味は……」。

---

(26) 聖書原典では、全体が神への呼びかけになっており、「眺める」も「黙する」も、どちらも二人称単数形である。しかし、ここでは「眺める」は複数形で、続く「黙して」は単数形であるけれども、主語がアブサロムの家の一同、と複数形であることは次の行の「彼を助けなかった」が複数形の動詞であることから明らかである。筆写者の書き損じであろう。

(27) 異母兄に強姦されて落ち込んでいる妹に兄のアブサロムが「黙っていろ」と忠告した（サム下一三・二〇）ことがここに関係するのかもしれない、という者もある。

(28) 聖書原典とは「喜び楽しむ」の順序が逆。

(29) 原文に母音符号がついていないので、「増やす」とすべきかどうか決定できない。

(30) 軍旗の類を指すのであろう。

(31) 聖書原典には「網（*hrmw*）を空にし」とあるが、一字違い（*hrbw*）である。

(32) ヘブライ語原典のように、動詞を一人称単数にすべきかどうかは決定し難い。

(33) 引用されている聖句は判読できる限り、伝統的な聖典にほぼ沿っているが、その解釈には曖昧なと

第七欄

[1–2]そして神はハバククに語り、最後の世代に降りかかるであろうことを書き記すようにされたが、時の終末は彼に知らせられなかった。[3–5イ]「走りながらでもそれが読めるように」【ハバ二・二】という聖句は、神がご自分の僕である預言者たちに語られたすべての秘儀を知らせられた正義の教師に関わる。[5ロ–6]「定められた期《とき》まではなお幻が関わる。それは終わりを目指して息づいている。裏切ることはない」【ハバ二・三】[7–8]その意味は、預言者たちが語ったよりは最後の時までは時間がかかる、神の秘儀にはびっくりするようなところもある、というのである。[9]「もし滞っているようだったら、待て。〔その時〕は遅れることはない、必ずや到来する」【ハバ二・三】。[10–12]これは、終末〔の到来〕が手間取っているような時、手を緩めることなく真理の業《わざ》を怠らない律法の実践者、真理の人たちに関わるのである。[13–14イ]神の定められた時はこれすべからく、ご自分の深い洞察から出る秘儀によって規定された通りにきちんと到来するのである。[14ロ]「見よ、〔彼の心は〕高ぶり、平らにされていない」【ハバ二・四】[15]この意味は、彼らには〔……を〕倍にし(34)[16]〔……〕裁かれる時〔神に〕喜ばれないであろう〔……〕[17]〔……〕

第八欄

1–2 これは、ユダの家の人たちで、律法を実践するすべての人に関わるもので、神は彼らの努力と正義の教師に対する信頼ゆえに彼らを裁きの家から救い出されるであろう。(35)
3–7 「確か

ころが多い。次の欄の七・四で正義の教師が読者になっているので、われわれの注解者が伝令者のことを考えているのでないことは明らかであるが、その他の曖昧な箇所についての注解がないので、彼の理解に沿った翻訳はできない。

(34) ヘブライ語原典に使われている動詞とは語根の子音が一字違うだけ。

(35) 前欄の最後にあったはずのハバ二・四が解読できないので、パウロが引用する「義人は信仰によって生きる」となっていたのか（ロマ一・一七、ガラ三・一一）、あるいはヘブ一〇・三八、七十人訳ハバ二・四のように「私の義人は信仰によって生きる」となっていたのかは決し難い。この注解からすると、むしろマソラ本文の「彼の信仰」に合致し、その信仰の対象を直接神にでなく、神の忠実な僕たる正義の教師に対する信頼、と読んでいるのではないか、と思われる。いずれにしろ、この注解者の立場は、人は善行によってでなく、神に対する、キリストに対する信仰とその恵みによってのみ救われるとするパウロの神学的立場とは相容れないが、ヘブライ語の「生きる」を、罪ゆえに滅びるのでなく、「救われる」と理解している点では両者は一致する。拙著『聖書を原語で読んでみてはじめてわかること』（いのちのことば社、二〇一九年）一八〇―一八二頁をも参照あれかし。

に、財産は高慢な人を裏切る。黄泉《よみ》のように強欲な者は枕を高くして寝られない。死んだも同
然。飽きることもなく、ありとあらゆる民族が彼のところに集められ、ありとあらゆる国民が
彼のところに一緒にされても、彼らはみんな彼のことをふざけ、謎々を彼に進呈して嘲笑い、
自分のものでないものをかき集める者よ、いつまで重い担保を引き受け続けるのだ、と言うの
ではないのか?」【ハバ二・五—六】[36] 8–10 これは、在任中の初期には真理の側に立つものとして招
聘されたのに、イスラエル[37]で指導的役を果たすに及んで、心が高ぶり、神を離れ、財産欲し
さに掟に逆らうようになった悪しき祭司に関わる。11–13イ 彼は、神に反逆して暴虐をこととす
る人々の資産を略奪し、諸国民の財産をも奪って罪咎《ざいきゅう》の上塗りをし、ありとあらゆる穢《けが》らわし
い、不純な、忌むべき行動に走った。13ロ–14「突如として君の債権者たちが起き上がって、目覚
めて君をゆり起こし、何もかも巻き上げられはすまいか? 15 君が多くの民族から巻き上げた
のだから、ほかの国民もみんなでたかって君から巻き上げるだろう」【ハバ二・七—八】。16〔この
聖句は〕、逆らって(神の)掟を破った祭司に関わる。(それゆえ、みんなが)彼を苛《さいな》み〔……〕

第九欄

1 不義の裁判による彼の傷、[38] 戦慄すべき、ひどい病気を彼に負わせ、2–7 彼の身体にまで復
讐行為を働いた。「君が多くの民族から巻き上げたのだから、ほかの国民もみんなでたかって

君から巻き上げるだろう」【ハバ二・八】という聖句はエルサレムの最後の祭司たちに関わる。彼らは諸国民の財産や戦利品のあがりを集めるが、最後の日には彼らの財産は、戦利品もろとも、キッティムの軍隊の手に渡ることになろう。「ほかの国民」とは彼らのことである。8「人の血、国に対して、都とそこの住民に対する暴虐のゆえに」【ハバ二・八】9–12イ これは、正義の教師とその同僚たちに対する咎《とが》ゆえに、ご自分の選ばれた者たちに[39]対して不正を行ったがゆえに神が敵の手に引き渡して傷め、苦しめ、内心辛い目に遭わせられた不義の祭司に関わる。12ロ–15「禍なるかな、不正の利を貪《むさぼ》り、高いところに巣を作り、禍の手を逃れようとする者。自分の家庭に災いをもたらし、自分の家庭に恥辱を図るようなもの。多くの国民を滅ぼし、自分自身に対して罪している。石ですら石垣の中から叫び、[40]梁《はり》が（家の）材木の中から応じよう」【ハバ二・

---

(36) 伝統的なヘブライ語本文と違うところがいくつかある。「葡萄酒」＝「財産」、「彼は集め……一緒にし」（能動態）＝「集められ……一緒にされ」（受動態）。

(37) 現在のイスラエル国家ではなく、ユダヤ民族のこと。

(38) 最後の文章からして、彼が与えた傷のこと、また彼の不義に対する公平な判決のことというよりは、彼が受けた傷、復讐を目指した判決のことのようである。

(39) 原文における問題の単語の綴りは一見単数形で、正義の教師だけを指すともとれる。一〇・一三では明瞭に複数形。

(40) ルカ一九・四〇参照。

九―一二】。[16]これは〔……〕ところの祭司に関わる。〔……〕[17]〔……〕

第一〇欄

[1]その石は圧迫され、その材木の梁は略奪され。(41) [2]「多くの国民を滅ぼし、自分自身に対して
罪している」【ハバ二・一〇】という聖句は[3―4]神が多くの国民の中で開かれる裁判のことを指し、
そこで彼に判決を下し、[5]彼らのただ中で彼に有罪を宣告し、硫黄の火(42)で罰せられる。[6―8]「禍
なるかな、血で都を建て、咎で町を興《おこ》す者。万軍のヤハウェに由来するものではないのか？
あちこちの国民は火に過ぎないもののために難儀し、中身のないもののために疲労する」【ハ
バ二・一二―一三】。[9]この聖句は偽りの説教者に関わる。彼は多くの者を惑わせ、[10―13]血を流して
まで無意味な都を造らせ、その名誉のためにとて嘘をついて共同体を立ち上げ、無意味なこと
をやらせて多くのものを疲労困憊させ、偽りの業を教え、彼らの努力は水泡に帰し、神に選ば
れた者たちを冒瀆、侮辱した廉《かど》で火による刑罰を浴びることになった。[14―15]「まことに大洋を
覆う水のように大地はヤハウェの栄光を知る知識に満ちる」【ハバ二・一四】。この聖句の意味は、
〔終わりの時に[16]彼らが自分の咎を〕悔いて離れる時〔……〕[17]〔……〕

第一一欄

1–3偽りの。(43)その後、大洋の水のように多くの知識が彼らに明らかになる。「禍なるかな、同僚に酒を飲ませ、自分の怒りまで足して泥酔させ、彼らの賑やかなお祭り(44)まで見物させようとする者」【ハバ二・一五】。4これは不正な祭司に関わる。5–8彼は正義の教師を迫害し、彼が幽閉されている建物の中で、忿怒《ふんぬ》に任せて彼を呑み込もうとした。祭りの頃、贖罪の日の安息の時、彼らを呑み込むために立ち現れ、彼らの休息の安息日、断食の日に彼らをやり込めようとした。9–11「君は名誉よりは侮辱に飽きたはず。君も少し飲み、よろめくがよい(45)。ヤハウェ

---

(41)「石」と「材木」の原語はいずれも複数形。女性形代名詞「その」に応ずる女性名詞は *ʾereṣ*「国、土地」で、「石……材木」は土地の住民を比喩的に表現したものであろうか。一二・四を参照。

(42) 古のソドムとゴモラもその罪ゆえに硫黄の火で焼かれた（創一九・二四）。

(43) 前欄の最後に「説教者」あるいは「教師」とあったのであろう。

(44) ニツァン（一九〇頁）によれば、マソラ本文の「裸体」が少しどぎつすぎるとして注解者が子音を一字故意に変えたもの、という。注解の中の「幽閉」と訳したヘブライ語も「露呈させる、覆っているものを剥がす」とも解せる。

(45) マソラ本文の「急所を晒《さら》せ」という動詞の子音二つの順序を変えたもの。上の訳注参照。

の右手の盃が君の上に、不名誉が君の名誉の上に回ってくればよいものを」(46)【ハバ二・一六】。[12]これは不名誉の方が名誉にまさった祭司に関わる。[13–16ロ]彼は自分(47)の心は割礼を受けないままにして、渇きを逃れるために贅沢な道を歩んだが、神の怒りの盃が彼を呑み込み、不名誉にさらに不名誉を加え、（苦痛に）さらに苦痛を加えることになろう〔……〕[17]〔……〕

第一二欄

[1]流された人間の血、国と都とその住民に対する暴虐ゆえに脅かすだろう」【ハバ二・一七】。[2–6イ]この聖句は不正な祭司に関わる。貧者たちを散々な目に遭わせたその報いを彼は支払わなければならない。「レバノン」【ハバ二・一七】とは共同体の理事会のこと、「家畜」とは律法を実践するユダの庶民のことである。彼が貧民たちを滅そうと企んだように神は彼に滅びの判決を下されるであろう。[6ロ–9イ]「都で流された血と国に対する暴虐ゆえに」という聖句であるが(48)、「都」とはエルサレムのことであり、不正な祭司はそこで忌むべきことをしでかし、神の聖所を穢した。[9ロ–10イ]「そして、国に対する暴虐」であるが、（国とは）彼が（そこの）貧者の財産を略奪したところのユダの町々(49)のことである。[10ロ–12イ]「神像が何か役に立ったことがあるか？地蔵屋が金属を流して刻んだ像、偽りの教師みたいなものだ。彫像を刻む地蔵屋がこれを頼

りにして、口の利けない偶像を作ったまでだ」【ハバ二・一八】。
12ロ―13 この聖句はこれにお仕えし、
拝むために異教徒たちが彫ったありとあらゆる神像に関わる。
14 裁きの日にそれが救ってくれることはない。「禍なるかな、
15 材木に向かって、『目を覚ませ！』、物言わぬ石に向かって『起〔きろ〕！』と言〔う〕者。
16 〔……〕
17 〔……〕

第一三欄

1 「彼の前では全地が黙《もだ》せ！」【ハバ二・二〇】。これはすべての異教徒たちに関わる。
2 彼らは石や材木に仕えたが、
3―4 神は裁きの日に、偶像に仕える者たち、悪人どもをみんな地から滅ぼされる。

（46）注解者が用いているヘブライ語原典には、彼が右に引用しているハバ二・一五に男根を意味する名詞が出ているのに、引用する時には故意に変えたことがここからも明らかである。

（47）「盃」という単語のこの比喩的用法についてはマタ二六・三九参照。

（48）第一行で引用してあるものとは少し変えてある。

（49）「国」であれ「町々」であれ、一義的にはそこの住民のことであり、土地のことではない。

共同体の規約（1QS）

前の二文書と同じく、本文書も最初に出土した七つの文書の一つとして早くから関心を集めてきた。のみならず、本文書は死海北岸に位置したクムラン教団の成員にとって、内容上極めて重要な位置を占めていたことは最初に出土した第一洞窟の巻物（1QS）の他にも、その後第四洞窟から一〇もの断片が加わったこと、しかもこれらが書き写された時代が紀元前一二五年ごろから紀元後五〇年ぐらいという、ほぼ二世紀にわたっていることからしても本文書が教団の存続の全期間にわたってその成員たちの関心の中心にあったことが知られよう。本文書をクムラン教団の「憲法」あるいは「憲章」と呼ぶ学者もあるくらいである。この一一の写本のほかにも、内容的に本文書に近いものがいくつか出土している。最初に出土した本文書の巻物には、「教団規約」として知られる（1QSa）文書と、「祝福の規約」（1QSb）として知られる二つの文書が付属していたが、両者は本文書と内容的に関係はあるものの、別個の文書であると考えられるのでここには訳出しない。

クムランを含むユダの荒野出土の文書で用いられているヘブライ語は、聖書の写本、契約書、借用書、個人的な手紙などを別とすれば、高度の文学的、詩的ヘブライ語で綴られているが、それは単に旧約聖書の模倣ではなく、聖書ヘブライ語の用法を独創的、創造的に発展させていることも少なくなく、本文書にもそれが随所に見られる。少なくともクムラン教団の成員の間では、ヘブライ語は単なる過去の言葉、文学的な書き言葉以上の機能を果たしていた、と

考えられる。(1)

本書における「ハバクク書注解書」と同じく、本文書もキムロンの校訂したものに依拠している。(2) 彼の版に含まれている第四洞窟の断片も適宜参照した。後者の断片はヴェルメシとアレクサンダーによる校訂版も参照した。(3) 数ある研究書のうち、ウェルンベルグメラーとリヒトとニッツのものに多くを学んだ。(4)

（1）本文書の詳細な言語学的研究書としては、二〇二二年ベルギーのPeeters社から出版される予定の筆者による *The Community Rule 1QS, 1QSa and 1QSb: A Philological Commentary* を参照されたい。

（2）Elisha Qimron, *The Dead Sea Scrolls: The Hebrew Writings*, 3 vols. (Jerusalem, 2010-14) のうち、二〇一〇年出版の第一巻、二〇九–二三〇頁である。このほかに、James H. Charlesworth, *Rule of the Community and Related Documents* (The Dead Sea Scrolls: Hebrew, Aramaic, and Greek Texts with English Translation) (Tübingen / Louisville, MT, 1994) もある。

（3）Philip S. Alexander and Geza Vermes, *Qumran Cave 4 · XIX: Serekh-Ha-yahad and two Related Texts* (Discoveries in the Judaean Desert・XXVI) (Oxford, 1998).

（4）Preben Wernberg-Møller, *The Manual of Discipline* (Studies on the Texts of the Desert of Judah,1) (Leiden, 1957); J. Licht, *The Rule Scroll: A Scroll from the Wilderness of Judaea – 1QS · 1QSa · 1QSb, Text, Introduction and Commentary* ［現代ヘブライ語］ (Jerusalem, 1965); M.A. Knibb, *The Qumran Community* (Cambridge, 1987).

第一欄

1〔導師〕のために〔……〕共同体の規約の書。(5)〔全〕心、2–3全霊をもって神を求め、モーセとご自分の僕《しもべ》であるすべての預言者たち(6)を通して命じられた善と真っ直ぐなことを御前で実践し、4神が選ばれたすべてのことを愛し、神が退けられた(7)すべてのことを憎み、一切の悪から遠ざかり、5–6善行にはすべからく親しみ、地上で(8)真理と正義と公正を実践し(9)、責むらるるべき頑固な姿勢でなおも歩み、色目を使って(10)7ありとあらゆる悪行に走らないようにし、神の掟を実践したい気持ちになった者たちを8–9イ恵みの契約に参画させて神の共同体としてひとつになり、〔神の〕定められた時に啓示されることに(11)全面的に沿って(12)正しく歩み、9ロ–10イ光の子ら(13)すべてを神の共同体の中におけるそれぞれの立場に応じて敬愛し、10ロ神が報いられる時、闇の子らすべてをその不行跡に応じて憎むこと。11–12イすべて、彼（＝神）の真理に身を捧げる者は自分の持っているすべての知識、(14)力、また財産(15)を神の共同体に持ち寄るべきである。12ロ–13イ神の掟の真理によって自分の知識を練り清め、(16)彼（＝神）の完璧な道に合わせて自分の力を整え、自分の財産をすべて彼（＝神）の正義の指し示すところに従って整える

（5）第四洞窟出土の断片（4Q255）に*sfr srk*とはっきりと読むことができ、本文書の名称がこれによって確定した。
（6）旧約では並列されないモーセと預言者が新約でも並列されている。ルカ一六・三一、二四・二七、使二八・二三、ヨハ一・四五。
（7）過去形動詞は神が過去においてなされた発言を指すのであろうが、ヘブライ語動詞の過去形は一般的に該当する普遍的真理を表現するのにも用いられる。
（8）「国内で、自分の住んでいる土地で」ではあるまい。ここで実践を求められていることは神ご自身が（エレ九・二三）、また将来現れるであろうメシア（エレ二三・五）が実行者とされており、その実践の範囲を自分の居住地に限定する理由は考えられない。
（9）ミカ六・八参照。二・二四、五・三、二五、八・二にも同じような思想が表明されているが、ミカ書では神との関係が中心にあるのに対して、本文書では教団の成員相互の関係が中心にある。
（10）直訳は「淫行、姦淫」であるが、単に不道徳な性行為に限らない。聖書では、神とその民の関係は婚姻関係に喩えられ、神の教えに背くことは、淫行と看做《みな》される（出三四・一五、イザ五四・五、エレ三・二〇、エゼ六・九、黙一九・七）。マタ五・二八とは違う。
（11）過去にかつて啓示されたことではなく、これからも時に応じて起こる啓示を指す。
（12）「沿って」に相当する前置詞*k*を次の単語*kwl*が同じ文字で始まるので、筆写者が誤まって書き落としたらしい。
（13）教団の成員を指す表現で、二・一六、三・一三、二四、二五にも出る。
（14）なんらかの肉体労働をしなければならない場合のことであろう。
（15）初期のエルサレム教会の様子（使四・三二―三七）が思い起こされる。
（16）または「精査し」。

こと。13ロ―15また、その時々に(17)、神の言われたどの言葉からも逸《そ》れず、指定されたどの時につ
いてもそれを早めず、あるいはそれに遅れず、真正な掟から外れて、右にあるいは左に進まな
いこと。16―18イ共同体の規約に登録される者は全員、神の命じられた通りに行動するという契
約にその御前で加入し、ベリアル(18)の支配のもとで〔起こり得る〕恐怖心や試練ゆえに彼（＝
神）を離れて引き返さないこと。18ロ―20彼らが契約に加わる時、祭司とレビ人たちが救いの神(19)
とその真理のすべての業《わざ》を讃えると、契約への加入者たちは全員「アーメン、アーメン」と呼
応する(20)。
21(21)そして、祭司たちは力ある行動による神の正義の業を語り、22イスラエルに対する憐れみ
による恵みの話を全部聞かせる。そして、レビ人たちは23イスラエルの子らがベリアルの支
配下で犯した咎《とが》、ありとあらゆるけしからぬ不正と罪とを語り、24契約への入会者は〔全員〕
これに応答して告白し、「私たちと私たちの昔の先祖たちは真理の〔掟に逆らって？〕歩き、
咎を犯し、不正を働き、罪を犯し、悪を行いました。〔イスラエルの？〕神が私たちと私たち
の先祖たちに下された裁きは公平です(22)。

第二欄

1そして、未来永劫に続く恵みの憐れみ(23)を私たちに施してくださいました」、と言う。祭司

たちは、[24] [2]神に属する人たちで、彼から示されたすべての道をきちんと歩むすべての人たちを祝福して言う。「彼（＝神）があなたをありとあらゆる良きことをもって祝福され、[25] [3]あら

（17）教団の生活を規定するところの年間の暦、あるいは週ごと、その日その日ごとの活動の時間表のことであろう。
（18）死海写本、同時代の偽典などに登場する、悪の勢力の頂点に立つ存在。新約でもキリストの対抗勢力として一コリ六・一五に言及されている。
（19）イザ一二・二、詩八八・二を参照。
（20）ここの「讃える」、「呼応する」に始まって、第二欄一〇行まで主動詞はすべて、繰り返し、慣習的行為を表現する形になっており、これは新入会者がある時、毎年（二・一九）行われる式典の描写であることが分かる。
（21）写本では、ここで改行されており、行のはじめに数センチ空白がある。
（22）ここで用いられている罪の告白の表現は類似のものがレビ一六・二一、サム下二四・一七、王上八・四七、詩一〇六・六、ダニ九・五などにもある。
（23）一・二二には逆の順序で言われている。「その憐れみと、その豊かな慈愛によって彼らに報いてくださった」（イザ六三・七）を参照のこと。
（24）民六・二三と申二一・五で、民を祝福する役が祭司に託されている。
（25）祭司は神から示されたすべての道をきちんと歩む者たち全員を祝福することになっているが、具体的な祝福の言葉は個人個人を対象にしている。同じことは呪いについても該当する（四行）。民六・二三―二四でも「イスラエルの子らを祝福し、彼らにこのように言いなさい。主があなたを祝福して下さるように云々」とある。

ゆる禍《まが》からあなたを護り、あなたの理性を命に至る理解力で照らし、(26)永遠に続く知識をあなたに恵み、4 憐れみの顔をあなたに向けて、いつまでも平安でいられるようにしてくださるように(27)」。レビ人たちは、ベリアルに属するすべての人たちを呪い(28)、5–6イ（祝福に）続けて言う。「君はありとあらゆる君のけしからぬ不正行為ゆえに呪われている。神は復讐をするすべての者の手を介して君を恐怖の的となし(29)、6ロ–7イ 報いを下すすべての者の手を介して殲滅《せんめつ》（の手）が君を追うようにされる(30)。君は呪われており、君の行為が真っ暗であるからには(31)（神の）お情けはいただけない。7ロ–8 君は永劫の火の闇(32)をもって呪詛されている。君が呼びかけても神は恵んではくださらない。君の咎を償って赦してはくださらない(33)。9 君に復讐するためにその怒りの顔を向けられる。どんな仲裁者にお願いしても君に平安は訪れない。10 契約への入会者は全員、祝福する者たち（＝祭司たち）と呪う者たち（＝レビ人たち）に和して「アーメン、アーメン」と唱える(34)。

---

(26) 祭司による祝福の原型は民六・二四―二六にあるが、「ヤハウェがその顔をあなたの方に向けて輝かせ、あなたを恵んでくださるように」（民六・二五）に比べると、クムラン教団での祝福は重要な変化を示している。すなわち知性に置かれた力点である。「理性、理解力、知識」は原型には見当たらない。祭儀を中心とした古い礼拝から、理知主義、聖書の学びへの集中が後期ユダヤ教を特徴付ける。ここで「理性」に相当するヘブライ語はしばしば「心」と訳されるが、「心を照らす」は不自然であり、原典の「顔」がこの名詞に変えられたのは意図的なものであろう。

（27）民六・二三―二七、二テサ三・一六参照のこと。
（28）申二七・一四―二六に一二の具体的な呪いが挙がっているが、それを宣言するのはレビ人である。
上の2ロ‐4イは民六・二四―二六にある祭司による祝福の言葉に基づいているが、4ロ‐9でレビ人が述べる呪詛は民六章の祝福の言葉を否定的に、呪詛として言い換えた形になっている。例えば、「ヤハウェがその御顔をあなたの方に向かってあげてくださるように」（民六・二六）に対して「憐れみの顔をあなたに向けて」（四行）とあるのが、「君に復讐するためにその怒りの顔を向けられる」（九行）といった具合である。
（29）原文の/z'wh/の前に前置詞の*l*を挿入。直前の単語/'l/「神」の最後の子音と同じ子音が誤って脱落したものと考える。
（30）ナホ一・二、イザ六六・六などによれば、神自身が復讐する、報いるお方であるから、ここではその任務が第三者（複数形）に委託されている。聖書後のユダヤ文献には「懲罰のみ使い」（エノク五三・三）、「破壊のみ使い」（サドカイ文書二・六）などが登場する。
（31）ヨハ三・一九参照。
（32）「火」と「暗闇」の組み合わせは四・一三にもある。マタ五・二二、エノク一〇三・八をも参照。あたりは暗いところで、火の炎に身体を焼かれる、ということであろう。
（33）レビ四・二六が背景にあるようであるが、そこでは、償いの儀式を施行するのは祭司であるが、ここでは神ご自身である。
（34）申二七章で、会衆は一二の呪いの宣言の後に毎回「アーメン」をもって和するが、民七章で、祝福の後には「アーメン」はない。福音書では、イエスが重要な発言をされる時に「アーメン」をしばしば口にされた。共観福音書と違ってヨハネ福音書では同様の場合に「アーメン、アーメン」と繰り返されたとされている。例えば一・五一。しかし、いずれの場合も、イエスは発言の冒頭に「アーメ

11–12[35]祭司たちとレビ人たちはさらに言葉をついで言う。「この契約に入会する者を、みずか
らの思惑によって転向せしめ、咎という障害物をその前に置いて転ばせる者は呪われている[36]。
13–14そういう者は、この契約の言葉を聴きながら、断固として自分の思う道を歩むのだから自
分は平安であってほしい、と心密かに勝手に自分で祝福を願っても、彼の霊は、渇いていよう
が満ち足りていようが滅ぼされ、赦しはあり得ない。15–17神の怒りと、ご自分の掟に対する熱
意とが彼に向けて燃え上がって永遠の滅びを招来し、この契約にまつわるすべての呪いが彼に
取り憑き、神が分け出して不幸にあわせ、自分の思惑によって（他者を）転ばせ、神から離れ
させ、咎という障害物に倒れるように仕掛けた者はすべての光の子らの仲間から外されればよ
い。彼（＝神）が彼の場を永劫に呪われた者たちの中に定められんことを。18契約への入会者
は全員揃ってその後をつけて「アーメン、アーメン」と言うべきである。
19ベリアルが支配する間、毎年、以下のように行わなければならない。最初に祭司たち
が20それぞれの霊的資質に応じて一人ずつ列をなして進み、レビ人たちがこれに続き、21三
番目に一般会衆が、一〇〇〇人[37]、一〇〇人、五〇人、一〇人の単位で一人ずつ列をなして進
む。22このようにしてイスラエルの人々はみんなが神の共同体の中で永遠の計画によって自分
の置かれている場所を知り、23自分の置かれている場所より低くなることもなければ、自分に
定められているところより上に行くこともあってはならない。24–25イ全員が誠実な共同体に属
し、謙虚に善を心がけ、慈悲を重んじ、神聖な共同体、永遠の共同体の成員として互いに正義

をもって接すべきであるからである。25ロ−26頑固に自分の思う道を歩きたくて、〔契約〕に入会することを拒む者は知識を教えられることを内心[38]嫌ったのであるから、彼（＝神）の真理の教団の一員としては〔数えられ？〕ない。

第三欄

1 正義の掟をきちんと捉えて生き方を変える努力を怠り、まともな人たちの仲間に加えら

ン」と言われ、それをもって締めくくられたのではない。塚本訳と岩波翻訳委員会訳だけは「アーメン」と音訳している。

(35) ここは、写本に行の冒頭が空けてある。一九行も同じ。

(36) 原文は複雑で、内容的にエゼ一四・三−七と近いことは明らかである。「思惑」と訳した原語は「偶像」が原義であるが、エゼでもここでもそれは妥当しない。エゼ一四・三、六、七の七十人訳をも参照のこと。

(37) クムラン教団に数千人がいた、とここから結論する必要はない。教団が神の軍隊になぞらえられている。

(38) 原文では「知識……内心」は三・一の冒頭に置かれている。

れるには値せず、2その知識、体力、財産は共同体(39)のものとして受け入れられてはならない(40)。彼の狙いは不正な生き方であり、悔い改めたはずなのに汚《けが》れ、3頑固に自分の道を歩む以上義人たり得ないし、光の道だと思って暗闇を見つめていればいい。完璧な人たちの4仲間(41)に加えられるには値せず、贖《あがな》いに与《あずか》ることを許されないし、浄めの水をもってしても清まることはなく、海に入ろうが、河に入ろうが聖なる者には5−6イなり得ない。どれだけ水で洗っても清くはならない。神の掟を毛嫌いし、彼の共同体によって教え諭されることをしない限りまったく穢《けが》れた者とならざるを得ない。6ロ−7彼のすべての咎が贖われるのは神の真理の共同体の精神によるのであり、神が人の生き様を良しとされる時であり(42)、そうしたら命の光を見つめ、聖を求める態度(43)で彼（＝神）の真理で一体となり、すべての咎から8清くなり、真っ直ぐな精神と謙虚さによって罪は贖われ、神のすべての掟に対して心が謙虚になった時、9−11イ彼の肉体は清くなり得るのであり、そうしたら清めの水をかけていただき、洗い落とす水で聖者にしていただけるのである。そして、神がすべての集会の日取りについて命じられたように、神のすべての道を真っ直ぐに歩むべく歩調を整え、右にも左にも逸脱せず、彼(44)（＝神）の言葉のどれ一つにも背いてはならない。11ロ−12その時、神は香ばしい香りの贖いの捧げ物を喜んで受け入れられ、それが彼（＝会員）にとっての永遠に続く教団との契約となろう。13−14光の子ら全員に、全人類の歴史を彼らの精神があらゆる形で現れたその表れ方に関して、それぞれの時代における彼らの行動に関して、彼らが報いられる時に受ける苦難の到来に関して教え、その

理解を助けるのは導師の務めである。15すべて存在するもの、生成するものは知識の神による
のであり、存在する前からそれについてのご計画をすべて確定され、16栄光あるお方のご計画
通りに、定められた時に出現するとその仕事を完成し、これを変更することはできない。17す
べてのものに関わる決定は彼の手にあり、彼らの必要とするものはすべて彼が世話してくださ
る。世界を治めるために彼が人間を創造されたのであり、18報いが下される日までそれに沿っ
て歩むべきものとして二つの霊を彼（＝人間）に備えられた。それはすなわち19真理の霊と邪
悪の霊である。(45)光の泉に真理から生まれるものが潜んでおり、邪悪から生まれるものは不正

---

(39)「共同体」と訳した原語は八・一では、イスラエルの十二部族のそれぞれを代表する十二人とそのほかに三人の祭司からなる共同体の役員会、あるいは理事会に相当するものを指して用いられているが、ここではそのような狭い意味で用いられているとは思われない。

(40)一・一一を参照のこと。

(41)原文の*/b'yn/*は字義訳すると「……の目には」、あるいは「……の泉には」となるが、少しこれを読み替えて*/w'ym/*とした。

(42)リヒトの提案に従って、二語（*/brswt 'l/*）が誤って脱落したものとして訳した。

(43)超人間的な存在としての「聖霊」ではない。

(44)出二九・二五、レビ一・九などを参照。

(45)ここで言う「真理」が客観的な、知的な正しさを意味しないことが、それに対するものとして「虚

の源に由来する。[20–21イ]正義の子らはみんな光の主《あるじ》の手に導かれて光の道を歩むべきであるが、邪悪の子らはみんな暗闇の天使の手に導かれていて、暗闇の道を歩まざるを得ない(46)。[21ロ–22]正義の子らが犯す過ち、罪、咎、不正、反逆行為はこれすべて暗闇の天使に導かれる時に起こるものであり(47)、[23]これは神の奥義によるもので、神が定めておられる間、彼らの苦難も彼（＝神）の敵対者に権威が与えられている間は彼が定める時に襲って来る。[24]彼に属する霊はみな、光の子らを転ばせることを狙っている。イスラエルの神と彼の真理のみ使いは光の子らを[25]すべて助けてくださった。光と闇の霊を創造されたのは彼であり、すべての行動の土台をその上に置き、[26–1イ]すべての業の〔原理？〕はその上にあり、す〔べての報い？〕はその道の上にある。〔そのうちの〕一つを神は永遠のどの時代にも好まれ、その行動にはすべて満足されよう(48)。

第四欄

[1ロ]もう一つはとても嫌われ(49)、その道を永遠に憎まれる。

[2]世界におけるその〔二つ〕の道は以下のようなものである。人の頭脳を照らし、彼の眼前にある本当の正義の道をすべて滑《なめ》らかにし、神の掟によって（神に対する）畏怖心をかき立てる。[3]それは謙虚な態度、忍耐、限りない憐れみ、絶えざる親切心、叡智、理解力、神のなさ

るすべてのことを信頼し、[4]その豊かな親切に依り頼む力強い知恵、すべての行動計画をしかと知ろうとする態度、正義の掟に対する熱意、[5]〔神に〕頼る被造物に対する聖なる思い(50)、真理の子らすべてに対する限りない親切、不純な思惑を一切嫌われる栄光（の神）の清さ、あらゆる点において聡明でありながらも[6]謙虚に歩み、知識の奥義の真理を（安全に）しまっておく。これが世界の真理の子らの精神的土台である。これに沿って歩むすべての者の受ける報いは救済に至り、[7–8]安らかに長寿に恵まれ(51)、子孫は増えてありとあらゆる恒久的な祝福を賜り、

偽」でなく「邪悪」が挙げられていることから知られる。人間に対する神の要求と期待とに合致した生き方が「正しい」のである。四・二三も同様。ヨハ三・二一をも参照されよ。「真理」に相当するここの原語には定冠詞がついていて、一般的な、観念的な真理でなく、神によって啓示され、示された具体的な内容を指している。

(46) 二つの道についての教えはヨハ八・一二、一二・三五、一ヨハ一・六―七などにも出る。

(47) ヨベル一〇・七では、ここと同じように、この敵対者は悪の霊共の使者としてマステマの名で呼ばれている。

(48) 最後の文章の一部分は四・一の冒頭。

(49) ヘブライ文字*s*を*m*に読み替える、というシュテーゲマンの提案に従った。

(50) 聖なる神を信奉する者にふさわしい、の意。

(51) あるいは「長寿をもって豊かに報いられ」。

いついつまでも歓喜のうちに生活でき、めざましい、絢爛《けんらん》たる衣をまとい、名誉の冠(52)をいただき、永遠の光に浴する。[9]邪悪の霊独特のものは貪欲、正義の働きを怠ること、不正と欺瞞、高慢と不遜、嘘と虚偽、残忍と[10]甚だしい不敬虔、癇癪、愚の骨頂、思い上がった行為に対する熱意、これはすべて（神への）背信の心から出る忌《い》むべき行為、清くないことに携わる不潔な道であり、[11]さらにまた冒瀆的な言辞(53)、目はくらみ、聴く耳をもたず、頸《うなじ》を硬くし、態度を硬化させ、ありとあらゆる闇の道を悪賢く歩む。[12–14]これに沿って歩むすべての者の受ける報いは破壊の天使全員の手による多くの痛み、報復される神の激怒による永遠の滅びに至り、永久に恐怖の的《まと》となり、暗闇の中に燃える火に焼き尽くされるという恥をかぶる時に永劫の不名誉に見舞われる。彼らの時は何世代にもわたって暗黒の地獄でなんともやりきれない悲痛のうちに、底知れぬ悲哀のうちに暮れ、最後にはたったの一人も生き残らないまでに滅びる。[15]以上〔二つ〕に全人類の歴史は規定されており、いつの時代にもすべて彼らの集団(54)はその領域で勢力圏を獲得し、その道を歩むように定められている。その領域における[16]行為に対する報いはすべて、長期にわたってどういう時にも、人それぞれにたくさん、あるいは少し受け取るのである。神が、終末の時まで[17]彼らを別個に配置し、その二つの陣営の間には恒久的敵対関係を定められた。邪悪のなすところは真理にとっては忌まわしいもの、真理の道はいずれも邪悪にとっては忌まわしく、[18]両者のそれぞれの掟に関しては激烈な対抗意識があり、両者は一緒には歩めないようになっている。神はご自分の聡明な奥義により、またその輝かしい知恵により、邪悪がいられる時に期限を定められ、[19]総決算の時にこれを永久に滅ぼされ、その時、真理が世界に永久に入って来る。法廷が判決を下す時までは邪悪が支配する中で[20]悪の道に身を汚していたのである。また、その時、神はご自分の真理によって人間のすべての行為を清め、人の身体を洗ってくださる。その（＝人間の）体のあちこちから邪悪の霊をすっかり無くして、[21]聖を求める姿勢でありとあらゆる悪行からそれ（＝人間の体）を浄め、不潔を洗い落とす水のように真理の霊を彼の上に流して、ありとあらゆる、忌むべき虚偽から浄め、[22]不潔の霊で身を穢すことのないようにしてくださる。まともな人たちに、至高者を知るということの何たるかを理解せしめ、道を真っ直ぐに歩む者たちに天の（55）知恵を教え諭すためであった。神は彼らを永遠の契約の相手として選ばれ、[23]彼らには人間としての栄誉がすべ

（52）あるいは「華やかな最高の名誉」。
（53）人間同士の間の「罵《ののし》り合い」の意に解せなくもないが、ここの文脈からして、神に対する冒瀆であろう。
（54）ここで「彼らの」、「その」に相当する原典の代名詞は男性女性の区別がなされており、「彼らの」は男性系で「全人類」にかかり、「その」は女性系で「二つの霊」にかかる。
（55）後期ユダヤ教では「神」を意味する名詞の使用を避け、「天」や「名前」で代用する傾向がある。ヘブライ語の死海写本では旧約で「神」を指す名詞（エローアハ）は合計一〇回も使用されていないが、それと同義語で、旧約ではそれより遥かに稀にしか用いられない同義語（エル）がしばしば用いられる。本文書でもエローアハはただ一度、エルは何十回と用いられている。

て備わっており、そこに邪悪（の入る隙）はなく、欺瞞行為はすべて恥となる。この時点までは人の心の中で真理と邪悪の霊が覇を競《きそ》い、[24]知恵の道を歩く者、愚の道を歩く者まちまちである。ある人は真理をどれだけいただいたかによって義人となり、邪悪を憎むが、別な人は邪悪をどれだけいただいたかによって悪人となり、[25]真理を嫌う。裁決が下され、（神が）新しいことをなさる時(56)までは、彼ら（＝二つの霊）に彼は共存を許されたのであるが、彼らが自分がやったことに対してどういう報いを与えられるかは[26]いつも知っておられて、人間たちには善〔と悪？〕を識別する力を賜ったのである。神が生きとし生ける者にそれぞれの領域を定められ、最後の総決算〔の時には〕各人を支配する霊が〔基準となるのである〕。

第五欄

[1―2]以下は一切の悪と訣別し、彼（＝神）がご自分の意図にそって(57)命じられたすべてのことを固く守り、邪悪の群れに連なる人々と絶縁し、教義と財産のことで一体となることを志願する教団成員のための規則である。そういう人たちは契約の番人たる祭司たち、すなわちザドクの子ら(58)と、この契約を固く守る[3―4イ]教団の多くの成員の意見に従って改悛に導かれる。教義、財産、規定をめぐる一切の事柄に関しては、彼らの指示に従って決定が下される。どういう状況にあっても、一緒に謙遜に、真実と正義と公平を実践し、憐れみを重んじ、謙虚に歩むべ

きである。(59) 4ロ−5イ だれ一人として気まま勝手に歩んで自分の思うところ、見て気に入るところ、本能的(60)な思念に従って迷い出さず、教団の中で本能むき出しの姿、頑固な態度を断ち、(61) 5ロ イスラエルのために真理の教団を永遠の教団として立ち上げ、6 アロンにつながる聖所とイスラエルにおける真理の神殿(62)のために志願する者全員、一致と争いと係争に関連して彼らと連帯する者たちのために贖いの業を行い、7 掟に違反する者はすべて弾劾すべきである。以下は彼

（56） イザ四三・一九参照。

（57） 「ご自分の意図にそって」は、「ご自分の」に相当する原文の代名詞を「教団」を指すものとすれば「すべてのことを固く守り」にかけることも可能。

（58） イスラエル宗教の祭司制はダビデ王の時の祭司ザドクより何世紀も遡るが、ダビデ王がイスラエル史で占める位置のゆえに以後の祭司はこのように呼ばれた。クムラン第一洞窟出土の写本よりは年代的に少し古いと言われる断片が第四洞窟から出ているが、そこには「祭司ザドクの子ら」という表現に変わって「総会」とされており、九行では「教団の役員会」とされていて、教団の誕生時点では体制が多少「民主的」だったのではないか、と考えられる。

（59） 神を識る人間の基本的態度としてミカ六・八に掲げられているものに近い。八・二にも出ている。

（60） 本能は必ず悪に走る、と前提してかかる必要はない。

（61） 「断ち」と訳した原語は割礼に関連して用いられるが、申一〇・一六などのように比喩的にも用いられる。

（62） 聖所や神殿の痕跡はクムランに発見されていないし、そのようなものの建設企画も言及されていないから、それによって象徴される世界観、人生観を比喩的に指すのであろう。

らがこれらのすべての規約に従っていかに行動すべきかについての指針である。一同が総会に集まっている場合、共同体に加入する者はだれしも 8–10イ 全志願者の見ている前で神の契約に加入し、彼（＝神）が命じられた通りに、契約の番人にして、彼（＝神）の意志を考究する祭司たち、ザドクの子らと彼（＝神）の真理に合体し、彼の意図に従って歩むことを志願している人たちにそれ（＝モーセの掟）に関して啓示されるすべてのことに準じて、全心全霊をもってモーセの教えに立ち返るという不可逆的な誓約を命をかけて結ぶものとする。

10ロ–11 不正の道を歩む不義の者たちとは一切手を切ることを命にかけて宣誓すべきである。秘められたことを知るために彼（＝神）の掟を探求しなかったことから分かるように、自分たちが彼の契約につながっているとは考えなかったのであるが、掟に悖《もと》って 12 非を被り、啓示された事柄をも傲慢に扱い、（神の）怒りを引き起こして裁かれ、契約違反に対する呪いをもって報いられ、激しい裁きにさらされて 13–14イ 永遠に滅び、一人として生き延びられないのである。[63] そういう人は水に入って、神聖な人たちの与る清いものに手をつけてはならない。自分の不正と訣別したのでない限り、彼（＝神）の言葉に背く者にはだれしも不浄が付着しているのであるから、〔水につかったからとて〕浄くなるわけではない。14ロ–15イ 彼の仕事や財産のことで彼と関わりを持ってはならない。けしからぬ彼の咎のとばっちりを受けないとも限らない。何事に関しても彼とは距離を置くべきである。「君は一切の虚偽の発言とは距離を置くべきである」、と書いてある通りである。[64] 15ロ–16イ 教団の成員の中のだれ一人として、教えや規定のどういうことに関しても、こういう人たちの意見に従って（質問に）答えてはならない。[16ロ–17]彼らの勘定でご馳走に与ってはならない。彼らの手からは代価を払わずにはこれっぽっちも頂戴してはならない。「鼻で息をする人間に頼ってはならない。そういう者はどんな人たちの仲間になっているか？」、と書いてある通りである。(65) [18]彼（＝神）の契約の中に入れてもらえなかった者たちと彼らの一切の持ち物とは手を切らなければならない。聖人たる者はだれ一人として虚しい行為は一切頼りにしてはならない。[19]彼の契約を知るに至らなかった者は皆虚しく、彼の言葉を蔑《なみ》する者は彼によってすべからく地上から抹殺され、彼らのやることは彼の目にはすべて汚らわしいものに堕し、[20]彼らの財産の全部に不浄が付着している。だれかがこれらの掟にすべて従って行動し、聖なる共同体の一員となるためにこの契約に加入する場合は、[21]教理についての彼の理解の程度、実践の仕方に照らして彼の信仰の態度を総会の中で話し合いながら検討し、彼（＝神）の契約を立てあげ、[22]実践を命じられている彼のすべての掟に注意を払う任務を教団の中で志願して引き受けているアロンの子ら(66)の意見をうかがい、

（63）申二九・一八—二〇を参照されよ。
（64）出二三・七からの引用であるが、「発言」に相当する原語は本文書で「何事」と訳したものと同一である。著者は聖書原典の単語を広い意味で理解している。
（65）イザ二・二二からの引用であるが、そこでは特定の人間、というよりは人間一般を指している。
（66）祭司集団のこと。

また、教団の中で彼の契約に従って生きることを志願しているイスラエルの多数の意見をうか
がったうえで23彼らをその理解力と実績に応じてきちんと順序正しく登録し、互いに対して
礼を尽くし、年少者は年長者(67)の言うことを聴き、24彼ら（＝団員）の態度と行動を毎年検討し、
理解力とまっとうな生き方にふさわしく昇格させ、あるいは道を踏み外したらそれに応じて降
格させ、25また、真理と謙遜と他者に対する憐れみをもって互いに諫《いさ》め合うべきである。同僚
に対して腹立ち紛れに、不満たらたら、26あるいは〔頑固〕一徹、〔あるいは強烈な〕悪意を
もって口をきいてはならない。また、態度が〔改まっていない〕から、といって憎んではなら
ない。〔まだ〕生きているうちに彼を諫めておけば

第六欄

1彼のことで科《とが》を背負い込むことはなくなろう。(68)証人を前にして諫めるのでない限り、同
僚に不利なことを総会に持ち出すこともしてはならない。2どこに住んでいようとも、以下の
ような線に沿って共々に歩むべきである。仕事や財産に関しては年少者は年長者の言うことを
聞き、一緒に食事し、3一緒に神を褒め讃え、一緒に協議すべきである。どこであっても、教
団役員会の中の一〇人が一緒にいるところでは、祭司が一人欠けてはならない。4また、それ
ぞれ指定されたとおりに彼（＝祭司）の前に席を取り、いろいろなことについて意見を求めら

れることになろう。食事をする時とか、酒を [5–6イ] 飲む時は、(69) パンあるいは酒の初物で祝福を受けるために祭司が最初に手を出すものとする。『飲むために。パンあるいは酒の初物で祝福を受けるために祭司が最初に手を出すものとする』(70) [6ロ] 一〇人の人がいるところには、昼も夜も聖書を絶えず考究する人が必ずいて、[7] 交代で互いに語らうものとする。会員は一年を通じて毎日夜の三分の一は寝ずに一緒に経典を読み、掟を考究し、一緒に賛美するものとする。[8] 総会での着席についての規定は以下のようである。各人指定された席に、つまり、祭司たちは最初に着席し、長老たちが第二列に、[9] 残りの会衆はそれぞれ指定されたところに着席する。このようにして、掟やいろいろな意見について問い、総会では互いに応答しながら [10] 共同体としての意見をまとめる。だれか同僚が話し始めたら、発言が終わるまでは割り込んではいけない。また、自分より上と位が指定されている人より先に発言してはならない。[11] 質問された人は自

(67) 長幼の序のことでなく、教団員としての資質の差を指すのかもしれないが、当時のユダヤ人歴史家ヨセフスの『ユダヤ戦記』二・一四六によれば、エッセネ教団では年輩者には敬意が払われた、とあり、初代教会でも同様の倫理が説かれた（一ペト五・五）。

(68) レビ一九・一七参照。

(69) 「教団規約」二・一七―二二には同じような宴が終末の時にも設けられることになっている。

(70) 二重鉤括弧でくくった部分はこの写本の筆写者が誤って二度書きしたもの。

分の順番が来たら発言する。総会では、総会を仕切る人以外[71]はだれも総会の意を押し切って
発言してはならない。12 だれでも何か総会に持ち出したいという人は、共同体の役員会に質問
する資格はなくとも、13 その人は起立して、「お集まりの皆さんにお話ししたいことがありま
す」、と言うべきである。よろしい、と言われたら発言してよい。だれしもイスラエルの人で
14 共同体に加えてもらいたいと志願する場合は、集会の総責任者は彼の理解力と行動を検討し、
（教団の）規則正しい生活についていけそうだったら、15 真理に立ち返り、一切の邪悪から遠ざ
かるように契約に加入させ、教団の掟を徹底的に理解できるようにしてやるがよい。その後、
集会に出席して、16 彼に関していろいろな角度から全員に質問が出され、集会の見解が明らか
になった時、それ次第で、彼は集会に迎えられるか、遠のけられることになる。教団の決定に
よって迎えられる場合も、17 まる一年が経過してから彼の態度と行動について検討されるまで
は集会に供される浄いものに手をつけてはならない。会員の資産にも関わりを持ってはならな
い。18 教団の中で一年が経過した時点で、教理に関連した彼の理解と実践に関して彼に関して
集会で質問が出され、祭司たちと契約の参加者の大多数の意見によって 19 共同体に参与して
もよい、という結論が出たならば会員の所持品を管理している者に 20 自分の財産と所持品の
ことも委ね、帳簿に自[72]筆でそのことを記載してもらい、集会の経費としては支出しないもの
とする。集会で飲み物が出る時も、21 共同体の成員の中で二年が経過していない間は手をつけ
ず、二年目が経過した時点で彼は集会の審査にかけられ、22 共同体に迎えるべしとの決定がな

されたら、彼の名は彼の位置を特定したうえで名簿に記帳され、経典、掟、浄・不浄に関する事柄に関して彼は同志の一人となり、彼の財産も共同のものとなるべきである。彼の意見と 23 判断とが共同体のものとならんことを。

24 以下は、共同体でいろいろな件を審議する場合に適用すべき規則である。自分の財産について 25 意識的に虚偽を述べる(73)者が彼ら（＝共同体の会員）の間に見つかったら、全員が参与する浄い事柄からは一年間遠ざけ、罰として食事を四分の一減量するものとする。同僚に対して 26 頑固に応答し、いらいらしながら話し、同僚から教わることを拒否し、自分の先輩として登録されている同僚に逆らう者は 27 自力本願で行くことにした(74)ようなもので、罰として一年間〔遠ざけるものとする〕。（経典に）書いてあるどんなことであれ敬い畏《かしこ》むべき名(75)を挙げて何事かに言及する者は

---

(71) 原文はここで文章が切れている。筆写者による誤りであろう。*wky'*を*ky'm*に読み替えて訳した。

(72) 管理者の自筆であろう。

(73) 類似のケースが初代教会でも発生した。アナニア、サッピラ夫婦は自分の不動産を売却し、売上金の一部だけを寄付しておきながら、あたかも全額寄付しているように同僚たちに印象付けた（使五・一―一一）。

(74) サム上二五・二六に出ているヘブライ語の表現を想起させられる。

(75) 「ヤハウェ」のこと。申二八・五八参照。

第七欄

[1]聖書を読んでいる最中、あるいは祝福を唱えている最中に、何かの問題に動転してか、あ
るいは何か自分に〔……〕関係したことで〔神を〕呪ったら、除籍し、[2]二度と共同体に戻っ
てくることはまかりならない。怒りのあまり名簿に記録されている祭司の一人を批判したな
らば一年間の罰を科し、[3]会員たちが参与する浄い事柄からは身のために遠ざけ、放置するも
のとする。うっかりして喋ったのだったら六ヶ月の罰を科する。知人に対して嘘をつく者に
は[4]六ヶ月の罰を科し、正当な理由もなく同僚を故意に嘲笑する者は一年の罰を科し、[5]（活
動から）除外するものとする。同僚に嘘を語り、あるいは意識的に不誠実に振る舞う者は六ヶ
月の罰を科し、[6–7]同僚に対していい加減な態度で接した場合は、[76]三ヶ月の罰を科し、共同体
の資産をいい加減に扱って、被害を及ぼした時は、全額弁償するものとする。[77] [8]弁償能力が
ない場合は、六〇日の罰を科する。同僚に対して不当な恨みを抱く者は六ヶ月[78]の罰を科する。
[9]何事につけ、自分で復讐する者の場合も同様である。愚かなこと[79]を口走る者は三ヶ月。同
僚が話している途中に割り込んで口を挟む者には[10]一〇日。総会の会議中に横になって寝込
む者には三〇日。承諾を得ず総会の会議を退席する者も[11]同様である。一回の会議中に三度
居眠りする者には一〇日の罰を科する。みんなが起立したのに[80]、[12]退席する者には三〇日の

罰を科する。無理やりにそうさせられたのでもないのに、同僚の前を裸で歩く者には六ヶ月の罰を科する。[13]総会の会議中に唾を吐く者には三〇日の罰を科する。着ているもの(81)が少し剝がれていて、手を出すと、[14]陰部が見えるようになった者には三〇日の罰を科する。声を張り上げて下品な笑いをする者には三〇日の罰を科する。[15]左手を出して肘をつく者には一〇日の罰を科する。(82)同僚についてあらぬ噂をして回る者は[16]会員たちが参与する浄い事柄からは一年間遠ざけて罰するものとする。だれかが集会全体についてあらぬ噂をして回った場合は、そういう者は追放し[17]二度と戻って来ることを許すべきではない。共同体の根本について文句を言う者は追放し、戻って来させてはならない。文句が同僚に対する[18]不当なものであったら、

---

(76) 具体的にどういう落ち度を言っているのか定かでないが、次の文章でも同じ動詞が使われていて、財政的な被害が問題になっているところからして、前者の場合も似たような被害のことを言っているのかもしれない。

(77) 七行は冒頭に一語あるだけで、その後も、その次も数行分空白があり、なんらかの理由で数行が脱落したようである。

(78) 行の上に「一年」と書き込んであるが、「六ヶ月」は消してはいない。

(79) ただ単に「馬鹿げたこと」でなく、宗教的な意味合いを持っている。

(80) 票決のためであろう。

(81) 下着のことであろう。

(82) 食事の時の作法のことであろう。

六ヶ月の罰を科するものとする。その態度が共同体の基礎から外れて、真理を裏切り、[19]気ま
ま勝手な道を歩くようになり、（思い直して）戻って来たら、二年の刑を科するものとする。一
年目は会員たちが参与する浄いものに手をつけてはならず、
[20]二年目には、会員たちが参与する飲み物に手をつけてはならず、共同体のみんなの後ろ
に席を取るものとする。まる[21]二年が経過した時点で、会衆は彼のことについて質問を受け、
迎え入れることになったら、しかるべき欄に登録され、それから掟について質問を受ける(83)も
のとする。
[22]だれでも、共同体でまる一〇年が経過するまで、[23]変節して共同体を裏切り、集会を出
て[24]気まま勝手な道を歩き出したら、共同体にまたぞろ戻ってくることは許されない。共同
体員の中にそういう者と一緒に[25]浄いものや財産を分け合おうとする者が出てきたら、それ
は集団の〔規則に反する〕者であるから、そういう者は前者と同様にみなして、追〔放であ
る〕。

第八欄

[1]共同体の(84)役員会には聖書全体から明らかにされるすべてのことに関して落ち度のない三人
の祭司と一二人の役員を置く。（この啓示は会員が）[2]真理と正義と公正を実践し、憐れみを尊

重し、互いに謙虚に歩み、[85] 3（神を）信頼する被造物として、砕かれた霊[86]をもって国内に信仰を維持し、掟を実践する者を通して、4また、辛い試練をもって咎の償いをし、すべての人と真理の基準に従って、時の規定に従って歩むようになるためである。こういうことがイスラエルに現実となった時、5共同体は本当に整ったのであり、永遠の園、イスラエルのための聖所、アロンのための至聖所となり、6彼らは公正のための真理の証言者、（神の）意向に沿って国民の（罪を）贖い、悪人に当然の報いを[87] 7見舞うべく選ばれた者たちである。これこそが審査に耐えた城壁、尊い一角であり、8彼らはふらふらしてはならず、その立場に慌てふためいてはならない[88]。アロンのための至聖所の置かれる場所、9永遠の[89]知識に基づき、公正の契約

（83）原文では、再入会を許された者が質問する、と解釈することも不可能ではない。

（84）原文からは、「通暁」しているのは三人の祭司だけ、と読むこともできなくはない。

（85）ミカ六・八に多少付言した形。

（86）詩編五一・一七に由来する表現で、傲慢の反対。

（87）1QSには行の上に「その土台」にあたる複数形の名詞（*yswdwtwhy*）が書き込んであるが、第四洞窟出土の断片（4Q259）にはない。複数形動詞の主語は会員、あるいは前述の指導者たちのことを指すのかもしれない。

（88）神が将来シオン（＝エルサレム）に据えようと予告された神殿の土台石のことを語るイザ二八・一六への言及。

（89）原文を一字置き換えて*kwlm*を*'wlm*と読む。字義訳は「彼らすべての者たちの」で、曖昧。

のためのもの、香ばしい香を焚くところ、イスラエルにおける無垢と真理の家、10 永遠の掟を
定めるために契約を結ぶための場所となり、神のご意志に応じて国のために贖いの〔儀式〕を
行い、悪に審判を下すこととなる。(90) この人たちが生活態度も申し分なく、何らの邪悪の形跡
もなしに共同体の土台として二年間確固たる地位を築いた時、11 共同体全員の中の神聖な構
成要素として特別な位置を付与せられる。イスラエル（一般）には未知のこととなっていた
ことが 12 学んでいる人に明らかになった時は、この人たちに対する過度の遠慮からどんなこ
とでも隠しておいてはならない。この人たちが、以上のような規則によって、イスラエルの中
の一集団となる時は 13 邪悪の人たちの集団とは訣別し、荒野へ行ってそこにヤハウェ(91)のため
の道を拓《ひら》くべきである。14「荒野にヤハウェの道を拓き、われわれの神のために通路を真っ直
ぐにせよ」、と書いてある通りである。【イザ四〇・三】(92) 15–16イ これは、彼（＝神）がモーセを通し
て、折にふれて啓示されるすべてのことに沿って、また預言者たちが彼の聖霊によって明らか
にしたことに沿って行動するように命じられた聖書の学びのことを言っている。16ロ–17 共同体
の契約に基づいて共同体の会員になっている者の中で、どの掟であれ、それをなおざりにし
て、(93) 傲慢な口をきく者は聖人たちが参与する浄いものに手を触れてはならず、18 共同体の立
場の決定には一切関与しないものとする。彼の行動から一切の邪悪が消えて完璧な道を歩むよ
うになったら、19 集会の意を求めて彼を新たに迎え、しかるのちにしかるべき欄に登録するも
のとする。新たに教団の会員になる者の場合もすべてこれに準ずる。

[20]以下は、聖なる、完璧な道を求めて共同生活をしようとする人たちのための規定である。[21]いずれも、彼（＝神）が命じられた通りに完璧な道を歩もうとする人たちの聖なる共同体に加わったのである。その中のだれであれ[22]傲慢に、あるいは偽ってモーセの掟に少しでも抵触する者は共同体から追放し、[23]再復帰は許されない。聖なる集団の中に彼の財産に関与したり、何事につけてであれ彼と協議するような者があってはならない。[24]もしうっかりして行動したのだったら、浄いものと審議と規定を学ぶ人たちからは遠ざける。[25]二年間はだれをも評定し

（90）この箇所の主語は冒頭に出た役員会の役員たちであろう。次の文章に出る「この人たち」も入会志願者のことではなかろう。

（91）写本では「彼こそは神」を意味する*hw'h'lhym*をつづめたのではないかと思われる*hw'h'*で「ヤハウェ」に相当する*yhwh*を代用している。この神名に対する書記たちの敏感さの現れであるが、本写本が次の行でイザ四〇・三を引用する時は四つの子音字の代わりに単に点を四つ並べている。第四洞窟出土の写本では*hw'h'*は*h'mt*「真理の」で置き換えられている。イザ四〇・三はこの断片的な写本では読めない。

（92）ヘブライ語原典のユダヤ教側の伝統的な理解に従って、「荒野に」は、先行する「呼ばわるものの声」にかけない。この箇所の新約における引用（マタ三・三、マコ一・三、ルカ三・四、ヨハ一・二三）もギリシャ語原典の句読点のつけ方次第で「荒野に」は「拓き」にかけることができる。句読点の使用は比較的新しい。

（93）*yswr*でなく*ysyr*と読む。

てはならず、審議の時には何事に関しても意見を求められることがあってはならない。もしそ
の期間に [26–27] 彼の生活態度がすっかり良くなったら、二年間が経過するまでの間に他のことで
うっかりした誤りを犯さなかったかどうかを集会にはかって、学びと審議に戻ってもよい。

第九欄

[1] 一度だけうっかり誤ったために二年間の罰を受けたのであるが、傲慢に行動する者は再復
帰は許されない。うっかり誤った者だけが [2] その行動が完璧であるかどうか、その意見はど
うであるかを集会によって二年間検討され、しかるのちに聖なる共同体に（再）登記されるの
である。

[3] この人たちがイスラエルでこのいろいろな規定に則って聖霊の土台、永遠の真理として登
場した時、[4–5] 全焼の生贄《いけにえ》の肉や、捧げ物の（動物の）脂身《あぶらみ》と唇の供え物(94)をもって（神に対す
る）反逆の咎、罪の乱行を償い、祖国のために（神に）執《と》りなし、立ち昇る快い香のように正
義を求め、心からのお供え物のように完璧な生き様《ざま》（を求めて）（神の）嘉《よ》しとされるようにな
る時、その時、共同体の成員は(95) [6] アロンのための神殿として他と訣別し、きわめて聖なる
集団、イスラエルの共同体として結集することになる。完璧な道を歩む人たちである。[7] アロ
ンの子らだけが規約や財産のことには責任を持ち、共同体の成員の位置付けはこれすべて彼ら

の決定によるものとする。
8 完璧な道を歩む聖なる人たちの財産は虚偽の人たちの財産とごっちゃにしてはならない。
9 彼らは自分たちの道を浄め、邪悪と訣別して完璧な道を歩もうとしなかった。掟に関するいかなる決定をも無視して
10–11 自分の好き勝手に歩むことは許されない。預言者[96]とアロンとイスラエルのメシア[97]が到来するまでは、共同体の成員が初めに教え諭された最初の規則に則って決定するものとする。

12 以下は導師にとっての定めである。生きとし生けるものとその時々にふさわしい規則と、人それぞれの資質に応じて歩むこと、
13 折にふれて啓示されるすべてのことに沿って神のご意志を実践すること、いろいろな時に明らかになるすべての知識と
14–15イ その時の掟を学ぶこと、正義[98]の子らをはっきりと区別してその精神にふさわしく評価すること、彼（＝神）が下された

（94）祈りと賛美のことであろう。神殿における伝統的な儀式、礼拝はエルサレムでしかできないのであるから、聖書が求めている神への礼拝は、死海のほとりの原野に居を定めたクムラン教団としては、別な仕方を考えなければならなかったのであろう。

（95）上記（三行）の「この人たち」を指す。

（96）申一八・一五―一九には、終末にはモーセに似た預言者が起こることが言われており、新約聖書の時代には預言者エリヤの再来も期待されていた（マタ一一・一四）。

（97）「メシア」は、原文では複数形で、アロンのメシアとイスラエルのメシアの二人のメシアのことである。これはクムラン文書における際立った思想である。

（98）第一洞窟の「ザドク」の代わりに第四洞窟出土の写本の一つ（4Q258）の読み方を採用。

ご意向に従ってその時のために（神が）選ばれた者たちにしっかりと寄り添うこと、[15ロ]だれに対しても、その人の精神にふさわしく、公正に接すること、だれしもその手の清さに応じて迎えること、その人の理解力に応じて[16]近づけること、相手を愛するか、嫌うかも同様。滅びに定められている人たちとは議論や口論はしないこと。[17–18イ]邪悪の人たちの中では聖書の教え示すことは隠すこと、（この）[99]道を選んだ者たちには人それぞれの精神に応じて真理の知識と正義の定めを教示すること、[18ロ–19イ]その時にふさわしく、知識に関して彼らに指導すること、共同体の人たちの中で不思議で、真正の神秘についての理解を助けることである。[19ロ]だれしも自分のために啓示されるすべてのことに沿って一緒にまっとうな道を進むようにである。これが荒野[100]に至る道を拓く時にほかならない。[101][20]今の時代に実行すべきこととして明らかになったことをすべて彼らに教え諭すこと、自分の道を一切の邪悪から遠ざけなかったすべての人と[21]訣別すること。[102]これが今の時代における導師の生き方の指針である。愛憎については、[22]滅びに定められた人たちは永久に憎み、内密の姿勢[103]で接すること、財産や苦労の収穫は、召使が主人に対するように、自分の上に立つ人に対しては謙虚に接するように、彼らに任せ、[23–24イ]掟に対しては情熱を燃やし、審判の日に対する備えをしておくこと、何を手がけるにしても、また指導者としてのあり方については必ず彼（＝神）が命じられた通りに、そのご意志を行うこと。[24ロ]自分の身に起こることは一切、すすんで受け入れ、神のご意志以外は何も欲せず、[25]彼（＝神）のおっしゃることにはすべて満足し、命じられなかったことは何一つ願い求めてはならない。いつも神の決定されることを待ち望み、26〔辛い時、苦〕しい時にも自分の造り主を讃え、どういう状況にたち至ろうとも〔彼（＝神）の憐れみ〕を語り、〔唇の供え物〕(104)で彼を讃えるべきである。

第一〇欄

1彼（＝神）が定められたそれぞれの時に合わせて。(105)光の統治(106)が始まる時。その周期が終

(99) 基本的な人生観、世界観を指す「道」という用語は初代教会の信仰についても用いられた（使九・二）。中国の道教、日本の惟神道《かんながらのみち》も同様。

(100) 背後にあるイザ七・三では「荒野に」とあるのに、ここで「荒野に至る道を拓く」というのは、クムラン教団の創始者たちが、エルサレムを離れて、ユダの荒野に向かい、死海北岸のクムランに落ち着いたことを著者は意識しているのであろう。

(101) 八・一四参照。

(102) 最後の文は壊れており、第四洞窟出土の写本の一つ（4Q258）の読み方を採用。

(103) 大事な教えは部外者には漏らさない、ということであろう。

(104) 祈りと祝福の言葉。九・五参照。

(105) 第九欄の最後の行の「彼を讃えるべきである」という文の一部を成す。

(106) 創一・一六により、昼間輝く太陽のこと。

わって、定められた一角に退く時。闇夜の夜警が始まり、[2]彼（＝神）がその（＝闇の）蔵を開け、それを暫《しば》し[107]置かれる時。その周期が終わって光に譲って退く時。[3-4イ]光る天体が聖なる高み[108]から現れる時、輝かしい住まいに退く時。共同体のために新月の日と定められた時が巡ってきた時。（そして、）そして、その時が終わって、[109]次から次へと受け渡されていく時[110]。[4ロ]いとも聖なる集団にとっての大いなる日として、彼（＝神）の永遠の憐れみが始まる徴《しるし》[111]として、それが改まる時。[5]いつの時代にあっても、定められた時の初めに。定まった月の初め[112]に、また記憶しておくようにきちんと決まった聖なる祭日に[6]唇によるお供え物として私は[113]永遠の定めとして刻まれているように彼（＝神）を讃えよう。年の初めに、また、それぞれに定まった時が終わり、[7]それがきちんと終わった時。刈り入れの季節から夏まで、また種蒔きの季節から草が青々としている時まで。年を七年単位で分けるが、[8]その七年期間の初めの日に、解放の時[114]が来るまで。私の生きている限り、私の舌には賛美の実を供えるようにとの掟が刻まれており、唇で捧げ物をお供えしよう。[9]（神の賜る）知識を歌い上げよう。私の歌はすべて神の栄光のため、彼の聖《きよ》さにふさわしく私の竪琴を鳴らし[115]、彼の公正さの基準を（歌うために）私の唇の笛を取り上げよう。[10]一日が始まり、夜が始まる時、私は神の契約に身を沈め、夕べと朝《あした》が終わる時、彼の掟を口にしよう。それがあるところでは[116]、引っ返すことのないように[11]自分のために境界を定めよう。また、自分の咎にふさわしく彼の掟による批判を受けよう。刻まれた掟[117]に照らして私の過誤は目の前にはっきり見える。しかし、神に向かっ

て、私の義よ、12至高者に向かって、私の幸せの場、知識の源、神聖なるものの棲家《すみか》、栄光の
頂点、永遠の栄華となる、一切に勝利する力と言おう。私は彼が指示されるものを13選ぼう。
私に対する彼の評価を私は喜んで受け入れよう。手や足を出して仕事を始める前に、彼の名を
讃えよう。外出する前、あるいは（帰宅して）家に入る前、14腰掛け、あるいは立ち上がるや
否や、寝床に臥す時も彼を褒め讃え、人の集まっているところで唇から出るお供え物で讃えよ

---

(107) 原文の不可解な *'lt* を *l't* に読み替えた。
(108) イザ六三・一五、ハバ三・一一参照。「光」はここでは複数形で、無数の星のこと。
(109) ここにヘブライ語の三字（*w'm*）あるいは二字（*wb*）が誤って脱落したものと想定する。
(110) 一年一二ヶ月が規則的に移り変わる様。
(111) 「徴」にあたる名詞の後に、文字一字（*n*）が書いてある。何らかの理由で書き終えられなかった単語の一部であろう。
(112) 伝統的な祝日が何月何日になるという場合も、その月の朔日《さくじつ》から勘定する。
(113) 「私は」という主語は第四洞窟出土の写本の中の4Q256と4Q258の読み方を採用。
(114) レビ二五・一〇参照。
(115) 意味が取りにくい原文のため第四洞窟出土の写本の中の4Q256と4Q258の読み方を採用。
(116) それが有効であり、教団員の生活を規制しているところでは、という意味であろう。
(117) 神ご自身が指で二枚の石の板に刻んでモーセに手渡された十戒のことであろう（出三一・一八、申九・一〇）。

う。[15]土地が生み出す美味なものを味わうために手を挙げる前から。怖くてがたがたし始めてもすぐ、四面楚歌の状況に追い込まれても、[16]ただ驚きのあまり彼を讃えよう。彼の力に想いを致し、彼の憐れみを毎日頼みとしよう。すべて生きとし生けるものの裁きは[17]彼の手にかかっており、なさることはすべて真実である、と確信したい。患難から解放されたらハレルヤを叫び、彼による救いをみんなと一緒に褒め讃えよう。だれから悪いことをされても[18]報復はしない。だれのあとを追うにも善意をもってしよう。生ける者の裁きはすべて神の責任であり、人相応に報いを与えられるのは彼であるから。不正な利潤を(118)[19]羨んだり、不当に積んだ財産に心をひかれたりはすまい。滅びに定められている人たちに吹きかけられた（不当な）口論にはのらず、報いの日を(119)〔待とう〕。私の怒りを[20]邪悪な人たちから引っ込めはしない。公正が確立されるまでは満足するつもりはない。過ちの道を離れた人たちに対していつまでも怒り続けることはやめる。道を踏み外した[21]人たちは絶対に憫《あわれ》むまい。傷めつけられた者たちも、彼らの生き方がまっとうになるまでは慰めることはしない。ベリアルを心に留めることはすまい。私の口からは[22]愚かなことは聞こえないようにしよう。私の唇には邪悪な虚偽の言葉や嘘や偽りは見当たらないであろう。私の舌に聖なる実はあっても、嫌らしいことは[23]見当たるまい。私が口を開くのは讃美する時であり、私の舌は神の義の業を絶えず語り、人々の不法を彼らの罪業が尽きるまで〔語ろう〕。[24]虚しいことは唇から断ち、穢れやひねくれたことは心の想いから〔断とう〕。賢明な判断として知識は隠し、(120)[25]知識に諭されてその背後から確かな境界で囲って、神の正義のために真実と力強い公正を保存するようにし、[26]その時々の基準に応じて掟を広め、正義と、落ち込んでいる人たちに対する憐れみと情愛、動揺している人たちに対する激励をもって〔神の道を讃えよう〕。

第一一欄

[1]精神的に迷っている者たちには理解を（……）(121)、傲然《ごうぜん》と不平を鳴らす者たちに教訓を教え(122)、鼻高々の者たちに対して腰を低くして応対し、[2]〔他人に〕軛《くびき》をかけ、指を差し向け(123)、邪悪を語り、財産の蓄積に熱中する者たちに対してはへりくだった心で〔対応すること〕。私につい

---

(118) 普通「霊」と解されるここの単語は母音を振り替えると「利潤」を意味する。次の「財産」の同義語と見ることができる。

(119) 神による報いのことであろう。この箇所は次の行と入り組んで本文が壊れている。

(120) 「隠し」と訳した原文の動詞の一字が筆写者によって別な子音に変えて行の上に書き添えてあり、それによれば「語る」となるが、次の「垣で囲う」と合わない。

(121) 第一〇欄の最後の行の終わりが破損して読めない箇所に、この行の次の動詞「教える」に類似した動詞がはまるのであろう。

(122) イザ二九・二四に由来する。

(123) イザ五八・九に由来する。他人を指差すのは軽蔑の表現。

ての審判は神に属し、私の道がまっとうであるかどうかは、私の心が真っ直ぐであるかどうか
はいずれも 3 神の手中にあるのだから。彼の正義によって私の罪を消し去ってくださいます
ように(124)。その知識の源から私の知性を照らしてくださり、私の目は彼の不思議な業の数々を
見つめた。私の知性の灯火は現れてくる秘儀を、4〔見つめた〕(125)。永遠に存在するお方が私の右
手の支えであり、私の歩む道は力強い岩に根差しており、私は何物にも動じない。神の真理
が 5 私の歩みの岩であり、彼の力が私の右の手の支えであり、私に対する審判は彼の正義に
源を発するからである。彼の不思議な秘儀のおかげで私の知性に光が射し、私の目は永遠に存
在するお方を 6 見つめた。人類からは隠されていた叡智、人間からは〔隠されていた〕賢い
計画、正義の源泉と 7 力の源、輝かしい泉(126)、これも人間中心の社会からは〔隠されていた〕
もの、そういったものを神はご自分がお選びになった者たちに永遠の財産としてお与えになり、
聖者たちの領地に彼らを落ち着かせられた。8 彼らの社会を天の子ら(127)と共に一つにし、共同
体として立ち上げ、時代は刻々変わっても永遠に残る園として建てられた聖なる社会である。
9 私は悪に染まった(128)人間の一人、邪悪な人類社会の一員。私の不行跡、違反、罪、ひねくれた
心は 10 虫けらの、暗闇を歩む社会のものである。人の歩む道は自分では決められない(129)、人間
は自分の歩みをきちんと整えることができないから。審判は神のなさること、11 道をまっとう
にしてくださるのは神の手次第、彼の知識によってすべては生成し、今あるものはすべてご
計画によって確かなものとしてくださり、彼なしには何ひとつなされない。私がもしも 12 よ

ろめいたら神の憐れみが私にとっては永遠の救いであり、人間として罪に転んだら、永久に続
く神の義のおかげで私の身は晴れる。13 辛い時が始まったら、彼は私の命を破滅から救い出して
くださり、私が歩みを続けられるようにしてくださる。かつてご慈愛によって私を引き寄せて
くださったが、その憐れみによって私の身の潔白を明らかにしてくださる。14 かつてその真理に
よって私を公平に裁いてくださったが、豊かな善意をもって私のすべての咎を償ってくださり、
その義をもって人間の一切の穢れと人間としての罪から 15 私を浄めてくださり、神が正義で
いますこと、至高者がいかに素晴らしいかを告白させてくださる。わが神よ、あなた様の僕の
知性を知識に対して 16 開いてくださったあなた様はほむべきかな。そのなすことをすべて正
義によって整え、人間の中から選び出されたすべての者に対して望まれたようにあなた様の

---

(124) 「正義」、「罪」のいずれも原文では複数形になっており、罪を犯すたびに神が正義をもっておとりあつかいくださり、赦してくださることを願う祈りである。

(125) 動詞の接頭辞をヨッドからアレフに変えた。

(126) 「泉と共に」と訳す者もあるが、「共に」に相当するヘブライ語の前置詞（*ʿm*）は書き損じとして削除したほうが望ましい。

(127) 「天」は神の別称。「神の子ら」とは天使たちのことであろうか。

(128) 取るに足らない人間のことを卑下した表現。ヨブ二五・六による。

(129) 原語で二字（*lʾ*）あるいは三字（*lwʾ*）から成る否定辞が脱落した、と想定して訳した。

婢女《はしため》の子に対して実行し、17とこしなえにあなた様のみ前に場所を占める者たらしめてください。あなた様なくしては道はまっとうたるを得ず、あなた様が望まれない限り何事もなりませぬ。一切の知識を18教えてくださったのはあなた様。生成したものはこれすべからくあなた様のご意志によってでした。あなた様を他にしてあなた様のご意向に異を唱え、19あなた様の聖いお考えを教え、あなた様の秘儀の深みを見つめ、あなた様の絶大な力による不思議な出来事をすべて理解することのできる者はありません。20だれがあなた様のすべての栄光に耐えられるでしょうか？　あなた様の驚くべき作品の中で人間とは一体何者でしょうか？21女から生まれた彼があなた様に向かってなんと答えられるでしょうか？　彼は土からこねて造られたもの、彼の棲家《すみか》で彼は虫の餌、(130)彼は22粘土から形造られたもので、(131)惹かれるのは土です。(132)粘土が、手で拵《こしら》えられた者がなんと答えられるでしょうか？　どういう意見を彼が理解できるでしょうか？

---

(130) 人間の先祖アダムは神によって土をこねて造られ、土から生まれた人間は死んで土に戻り、虫の餌になる、という思想。創二・七、三・一九参照。

(131) ヨブ三三・六。

(132) 原語で一字置き換えると「戻って行くところは」となる。

あとがき

東京教育大学（現・筑波大学）の学生時代、聖書語学に目覚めた私を励ましてくださった故関根正雄先生のもとでさらに学びを続け、一九六四年にエルサレムのヘブライ大学に留学し、イスラエル政府ならびに同大学からの財政的支援を受けながら故ハイム・ラビン先生のもとで博士論文を書いてから、もう半世紀以上海外の三つの大学でヘブライ語と関連セム語の教鞭を執る傍ら研究に専念し、一九年前にライデン大学を定年退職してからも聖書語学と聖書の古代訳、ことに旧約聖書の古代ギリシャ語訳、通称七十人訳の研究に今もどっぷり浸かっている。

三年前に、こういった研究の成果を評価して同年のバーキット賞を授与されるという、青天の霹靂としか形容しがたい通知を英国学士院から受け取った時、一九二五年に遡るこの賞の受賞者の中で私が最初のアジア人であることに気づき、この賞は私個人にとっての名誉であるだけでなく、アジアにおける聖書学ならびに関連分野の研究の水準が上昇しつつあることが国際的に評価されたのではないか、と思えた。私の書く学術論文や著書は、最大限の読者の目に触れるようにもっぱら英語で書いているが、祖国の学徒、一般読者の間に今なお強いこの分野に対する関心に鑑みて私の主たる研究分野の一つである死海文書の中の基本的なものを私なりの理解で和訳したものを読んでいただきたいと願って本企画を進めることに決した。ぷねうま舎から死海写本全集の出版が始まっていることは知っているけれども、基本的な文書については複数の和訳があるのもそれなりの意義が認められるのではなかろうか。

上記のような事情を汲んで出版を引き受けてくださることになった教文館には感謝のほかない。また、同社の髙橋真人さんには『私のヴィア・ドロローサ――「大東亜戦争」の爪痕をアジアに訪ねて』に続いて実際的な面でひとかたならぬご援助をいただいたこと、さらに同社の髙木誠一さん、社外の編集者の森本直樹さんにも支持していただき、妻の桂子からは本書の原稿作成の初期の段階でいろいろと有益な助言をしてもらったことを感謝をもってここに記録にとどめておきたい。

二〇二二年五月二〇日

オランダ、ライデン市郊外ウーフストヘースト

村岡崇光

編訳者紹介

村岡崇光（むらおか・たかみつ）

1938年広島市生まれ。小中高は両親の田舎の鹿児島県。1960年東京教育大学（現・筑波大学）で英語文献学を専攻して卒業。同大学言語学科で故関根正雄教授に師事して聖書原語を学び、修士号取得。博士課程在籍中の1964年イスラエル政府奨学金でエルサレム・ヘブライ大学に留学しヘブライ語、セム語を学び、1969年故ハイム・ラビン教授のもとでヘブライ語学で博士号を取得。1970年から2003年まで英国マンチェスター大学、オーストラリアのメルボルン大学並びにオランダのライデン大学でヘブライ語とその関連語を教授、研究した。2001年から2002年までドイツゲッティンゲン大学客員教授。2006年以来エルサレムのヘブライ語アカデミー名誉会員。2017年、英国学士院よりヘブライ語文法並びに七十人訳（旧約の古いギリシャ語訳）の分野での研究功績に対して、同年度のバーキット・メダルを授けられた。2014年、日本聖書協会より聖書事業功労賞を受賞。2000年数名のオランダ人並びにオランダ在住の日本人と、太平洋戦争とその後の問題を話し合うための日蘭印対話の会を立ち上げる。2003年ライデン大学教授を定年退職して以来、毎年、最低5週間、日本帝国の犠牲となったアジアの神学校や大学で専門科目を無償で教えている。オランダ日本語聖書教会代表役員。妻桂子との間に息子2人、娘1人、孫1人。

精選　死海文書

2022年7月10日　初版発行

編訳者　村岡崇光
発行者　渡部　満
発行所　株式会社　教 文 館
〒104-0061　東京都中央区銀座4-5-1
電話 03(3561)5549　FAX 03(5250)5107
URL http://www.kyobunkwan.co.jp/publishing/
印刷所　モリモト印刷株式会社

配給元　日キ販　〒162-0814　東京都新宿区新小川町9-1
電話 03(3260)5670　FAX 03(3260)5637

ISBN 978-4-7642-6752-7　Printed in Japan